闽南师范大学学术著作出版专项经费资助;

国家社会科学基金项目(项目编号:18XJL010);

教育部人文社科青年基金项目(项目编号:18YJC790048);

福建省社会科学规划青年项目(项目编号:FJ2018C036);

福建省中青年教师教育科研项目(项目编号:JAS170252);

闽南师范大学科研基金资助项目;

"商务大数据分析与应用福建省高校重点实验室"阶段性成果

公司治理中外部监督人
关注度分配决策研究

谢雅璐 著

中国财经出版传媒集团

经济科学出版社

Economic Science Press

图书在版编目（CIP）数据

公司治理中外部监督人关注度分配决策研究/
谢雅璐著 . —北京：经济科学出版社，2018.10
ISBN 978 - 7 - 5141 - 9956 - 7

Ⅰ. ①公… Ⅱ. ①谢… Ⅲ. ①上市公司 – 财务
管理 – 研究 – 中国 Ⅳ. ①F279.246

中国版本图书馆 CIP 数据核字（2018）第 271780 号

责任编辑：刘　莎
责任校对：隗立娜
责任印制：邱　天

公司治理中外部监督人关注度分配决策研究
谢雅璐　著
经济科学出版社出版、发行　新华书店经销
社址：北京市海淀区阜成路甲 28 号　邮编：100142
总编部电话：010 – 88191217　发行部电话：010 – 88191522
网址：www. esp. com. cn
电子邮件：esp@ esp. com. cn
天猫网店：经济科学出版社旗舰店
网址：http://jjkxcbs. tmall. com
固安华明印业有限公司印装
710 × 1000　16 开　9.5 印张　160000 字
2018 年 12 月第 1 版　2018 年 12 月第 1 次印刷
ISBN 978 - 7 - 5141 - 9956 - 7　定价：33.00 元
（图书出现印装问题，本社负责调换。电话：010 – 88191510）
（版权所有　侵权必究　打击盗版　举报热线：010 – 88191661
QQ：2242791300　营销中心电话：010 – 88191537
电子邮箱：dbts@ esp. com. cn）

前　言

　　本书在回顾文献的基础上，发现以往学者们研究外部监督人在公司治理中的作用时，往往注重研究外部监督人对于上市公司财务状况的影响，却忽略了对外部监督人本身特质的分析。在外部监督人时间精力有限的情况下，他们对于上市公司的关注度如何分配？是对上市公司一视同仁，分配相等的时间和精力？还是区别对待，有所侧重？如果存在区别对待的现象，又是什么因素驱使或起决定性作用？本书从这些问题入手，重新审视并讨论了独立董事、分析师和审计师在公司治理中的作用，并得出了有意义的结论。

　　本书的最终定稿及如期出版，要感谢闽南师范大学商学院领导、社科处领导，以及中央财经大学会计学院副院长王彦超教授、中南财经政法大学李春涛教授的大力支持，也要感谢经济科学出版社各位工作人员的辛勤工作。

　　需要说明的是，由于时间及作者水平所限，书中难免有疏漏和不足之处，恳请各位专家与读者不吝指正。

第一章

绪　　论

第一节　研究背景与问题的提出

现代公司的所有权和经营权分离，企业所有者将公司投、融资等常规经营活动授权给管理者，虽然有助于权责分明，但是由于委托人和代理人的利益函数不一致，信息不对称的存在产生了委托代理的问题，从而引发了较大的代理成本。在这样的背景下，为了保护股东的权益不受侵害，公司治理中引入了监督机制，独立董事、分析师和审计师便应运而生。如今，监督人在上市公司中的作用已经扩展到了公司经营的方方面面，从最初的保护股东利益，到牵制大股东的单方行为、保护中小股东利益、促进公司的信息透明度、帮助投资者做出正确的投资决策、提高公司投融资效率等。然而，上述监督人的作用能否有效发挥，直接取决于监督人对于上市公司投入时间与精力的多寡，即监督人对于上市公司的关注程度。

回顾以往文献，关于监督人对于上市公司关注程度的研究，多从上市公司的角度进行观察，如一个上市公司有多少个监督人，比较典型的是在独立董事和分析师相关的文献中广泛使用的独立董事占董事会的比例、分析师跟踪数量；也有从监督人视角展开的研究，如在审计师相关的文献中使用的客户重要性指标，这类指标主要用于上市公司的规模占事务所所有客户规模的比重，或上市公司支付的审计费用占事务所所有客户收入的比重进行衡量，并取得了较为丰硕的研究成果。

但是从这些研究成果来看，结论却并不一致，甚至相互矛盾：（1）独立董事。在考察独立董事关注度对于公司绩效的影响时，王跃堂等学者（2006）发现独立董事占董事会的比例越高，公司的绩效越好。但是，也有学者发现独立董事的比例与公司绩效（托宾 Q、权益净利率、每股收益、经济增加值等）不存在显著的正相关关系（胡勤勤和沈艺峰，2002；李常清和赖建清，2004；魏成龙和郑军，2009）。（2）分析师。大部分的学者发现，分析师跟踪人数的提高，对于上市公司有正向促进作用。如分析师跟踪数量较高的公司（即一年内一个公司被较多的分析师跟踪），个股股价暴跌风险较低（潘越等，2011）、融资成本较低等（陈和程，2008）。但也有学者研究发现，分析师跟踪会给上市公司带来负面影响（翟胜宝等，2016），如分析师跟踪可能引起投资者抛售公司股票导致股票下跌，公司会倾向于购买清洁的审计意见等。除此之外，还有学者认为分析师跟踪可能同时具有正反两方面的影响（宫义飞和郭兰，2012；张芳芳和陈习定，2015），如对于向上盈余管理的公司，分析师跟踪与真实盈余管理负相关，而对于向下盈余管理的公司，分析师跟踪与真实盈余管理正相关。（3）审计师。关于客户重要性与审计质量关系的研究，学者们也持有不同的看法，有些研究表明客户重要性与审计质量之间呈显著负向关系（胡本源，2008；吕伟和于旭辉，2009，等等），但也有研究得出客户重要性与审计质量之间呈正向关系（方军雄等，2004；潘克勤，2007，等等），还有些研究发现客户重要性与审计质量之间不存在显著的相关关系（王跃堂和赵子夜，2003；曹强和葛晓舰，2009，等等）。

由于监督人内心的行为决策过程具有不可观察的特征，以往研究多从上市公司或事务所的角度进行研究，即仅研究了公司层面监督人关注度的差异对于上市公司的影响，较少涉及监督人个人层面关注度的研究。因此，以上研究无法将公司层面监督人的关注度与监督人个人层面的特质进行区别，从而使得研究结论面临着干扰和噪音，他们得出的研究结论，不仅受到监督人公司层面关注度的影响，而且夹杂混合着监督人个人特征的影响，从而得出了相互矛盾甚至相反的研究结论，降低了研究的可信度。当前，关于监督人个人的行为决策过程，学界的理解还十分有限，投资者也知之甚少，本书正是针对以往研究的不足，以个人层面监督人的关注度为出发点，试图深入挖掘监督人行为背后的决策过程。

从不同的监督主体出发，资本市场的现实情况也使得对个人层面监督人关注度的研究尤为迫切和重要，根据本书的统计结果来看：（1）兼职独立董事至少在 2 家上市公司任职，最多的高达 10 家，平均任职数为 2.59 家。媒体和交易所曾多次对独立董事"点名"，对其是否有足够的时间和精力有效地履行职责表示批评和质疑。（2）在中国，仅有 28.43% 的分析师一年内仅跟踪一家上市公司，而 71.57% 的分析师在一年内跟踪过两家以上的上市公司，最多高达 150 家，其中一年内同时跟踪 2~5 家公司的分析师比例最高，达 40.36%，其次是同时跟踪 6~10 家的分析师，大约 19.14%。数据表明大部分的分析师存在同时跟踪多家上市公司的现象。（3）审计师方面，只有 39.72% 的审计师专注于一家上市公司的年报审计。60.28% 的审计师在一年内同时参与 2 家或 2 家以上上市公司的审计工作，其中，在一年内同时审计 2~5 家上市公司的比例最高，占 50.92%，同时审计 6~10 家上市公司的比例占 8.46%，个别审计师甚至在一年内审计的上市公司高达 15 家之多。

本书考虑，当监督人同时负责多家上市公司的工作时，在时间和精力有限的情况下，单个监督人是否会对上市公司投入相同的关注度，同等认真地对待不同的上市公司，从而保证工作质量？还是投入不同的关注度，区别对待不同的上市公司，从而使得工作质量存在差异？进一步地，如果投入的关注度不同，又是什么因素驱使或起决定性作用？这些问题现有文献还没有进行深入细致的研究。

综上所述，为了解决上述问题，本书试图从独立董事、分析师和审计师这三类监督人个人层面的角度出发，深入考察每一类监督人如何分配关注度及其背后的影响机理，从而解开"黑箱"，了解他们对于上市公司关注度分配的决策机理，从而为监督人关注度领域的研究做出增量贡献，也为投资者更好地理解监督人关注度的分配决策提供文献参考。

本研究可以从以下几个方面与国内外现有文献相联系：

首先，传统文献多从公司层面或事务所层面来研究独立董事、分析师和审计师在公司治理中的作用，即使用独立董事占董事会的比例、分析师的跟踪人数、从某一客户收取的审计费用占事务所全年审计费用的比例等来衡量独立董事、分析师和审计师的关注度，进而考察对于上市公司的影响。然而，对于一个公司而言，独立董事的比例越高、分析师跟踪人数越多，支付的审计费用占事务所的比例越大，并不完全意味着公司获得了独立董事、分析师和审计师的更多关注。这是因为从监督人个人层面的角度来说，每个监督人的客户群不同：假如市场上有 A、B、C 三家上市公司，A 公司有 N 个监督人，B 公司有 N−1 个监督人，C 公司有 N−2 个监督人，从公司层面来看，A 公司的监督人最多，获得的关注也最多，C 公司的监督人最少，获得的关注也最少。然而从监督人个人层面来看，假设有一个监督人甲，同时追踪了 A、B、C 三家公司，对于甲而言，可能 C 公司对他而言最为重要，A 公司最不重要，因而对 C 公司投入的关注度最高，B 公司次之，A 公司最后。因此，对于 A 公司虽然从公司层面来看，其获得的关注最多，但是从监督人个人层面来看，A 公司却不一定受到监督人的最高关注。基于此，本书利用了在我国相当数量的独立董事、分析师和审计师同时负责不同上市公司工作的现实背景，以独立董事、分析师和审计师个人层面为出发点，研究了这三类监督人关注度的分配问题，拓展了独立董事、分析师、审计师关注度领域文献的研究视角。

其次，从公司角度研究监督人关注度，研究结果往往体现的是公司层面监督人的关注度和监督人个体差异对于公司的综合影响，而从单个监督人的角度进行分析，就可以有效排除监督人的个体特征对于监督人决策行为的影响和对研究结果的干扰，从而拓展了关注度领域的研究方法。

最后，考察监督人关注度的差异，对于理解各类监督人的选择偏好和行为决策过程具有重要的现实意义。

第二节　研究思路与主要内容

本书以理论分析和实证研究相结合的方式，在回顾以往文献的基础上，考察了上市公司各类监督人关注度的决策分配问题及其背后的影响机制。全书共分为六章：

第一章为绪论。主要阐述本书的理论和现实背景，说明研究的目的并提出研究的问题，对本书的研究内容、研究方法做出简要说明，指出本书的研究意义。

第二章为文献回顾。主要是对近十年关于独立董事、分析师和审计师的相关文献进行回顾、梳理、归纳和总结。

第三章～第五章为外部监督人关注度的分配决策研究。分别从独立董事、分析师和审计师的角度展开论述，首先，分析了独立董事、分析师和审计师的工作现状、面临的问题及挑战；其次，再理论推演出独立董事、分析师和审计师关注度分配可能存在的情形及其背后的影响机理；最后，通过构建独立董事、分析师和审计师个人层面的关注度指标，实证检验了上述理论问题。

第六章为结论。本章归纳总结了本书的研究结论，并指出了本书的现实应用价值。

第二章

文 献 回 顾

第一节 独立董事相关研究回顾

独立董事制度设立的目的是为了完善上市公司治理结构，保障中小股东的合法权益，促进上市公司的规范运作。因此，关于独立董事的研究，主要围绕着独立董事在公司治理中的职能展开。而独立董事的职能主要体现在监督、咨询、资源支持和信号传递四个方面。

一、监督

2001 年 8 月 16 日，中国证监会发布了《关于在上市公司建立独立董事制度的指导意见》（以下简称《指导意见》）的通知，要求：各境内上市公司应当按照本指导意见的要求修改公司章程，聘任适当人员担任独立董事，其中至少包括一名会计专业人士（会计专业人士是指具有高级职称或注册会计师资格的人士）。在二〇〇二年六月三十日前，董事会成员中应当至少包括 2 名独立董事；在二〇〇三年六月三十日前，上市公司董事会成员中应当至少包括三分之一的独立董事。《指导意见》还规定了独立董事的职责：独立董事应当独立履行职责，不受上市公司主要股东、实际控制人，或者其他与上市公司存在利害关系的单位或个人的影响。从而达到维护公司的整体利益，保护中小股东的权益不受侵害的目的。因此，独立董事从设立之始就被赋予了监督的职能，学者们的研究也是从这一职能展开的。

早期学者们认为独立董事的职能是监督，因此相关研究围绕着这一职能，从公司业绩、违规行为、盈余质量、公司价值、关联交易、信息披露质量等方面考察了独立董事的监督作用。最初的研究指标较为粗糙，学者们以独立董事占董事会的比例作为独立董事监督力度的衡量指标，进行了一系列研究，如王跃堂等（2006）发现，独立董事比例越高，公司绩效越好。但是，也有学者发现独立董事的比例与公司绩效（托宾Q、权益净利率、每股收益、经济增加值等）不存在显著的正相关关系（胡勤勤和沈艺峰，2002；李常清和赖建清，2004；魏成龙和郑军，2009）。由于未形成一致的结论，促使学者们在这一领域不断探索深入，从简单地对独立董事的比例、数量、性别和学历等基本特征的研究，转为对独立董事深层特征的讨论。

其中，最为典型的是从独立董事的专业背景出发，来研究独立董事的监督作用。起初学者们主要关注独立董事是否具有会计、财务专业背景或专业背景结构是否多样等背景结构特征，曹伦和陈维（2008）认为具有经济管理类、专业技术、财务会计或法律资质的是具有专业背景的独立董事，他们指出，如果具有上述背景的独立董事专业结构〔（具有经济管理类、专业技术、财务会计或法律资质的独立董事总人数）－专业背景上重复的独立董事人数÷独立董事总人数〕搭配合理，那么企业发生违规行为的可能性就越小。胡奕明和唐松莲（2008）将独立董事的专业背景设置为虚拟变量，如果独立董事具有会计或财务方面的专业资格、职称或从业经验，就认定该独立董事具有专业背景，研究发现，当独立董事成员中拥有专业背景的独立董事时，上市公司的盈余信息质量较好。

　　之后的学者拓展了背景结构特征的研究，具体从专业背景和单位背景两个方面进行探讨。首先，学者们从专业背景的角度全面深入地考察了具有分析师、会计、法律、技术背景的独立董事在上市公司中的监督职能。相比不具有相关专业背景的独立董事，具有相关专业背景的独立董事拥有丰富的专业知识，了解相关业务的运作过程，能够更敏锐地察觉内部人的不良动机，更有效地识别上市公司在该业务领域的不规范行为，从而降低不规范行为发生的可能性，进而更好地履行监督职责。（1）分析师背景。全怡等（2014）研究发现，上市公司聘任同行业的证券分析师担任独立董事后，分析师的预测较为乐观，主要表现在预测频率的提高和预测准确度下降等方面。（2）会计和法律背景。王凯等（2016）指出，实务界会计背景和法律背景的独立董事能够扼制控股股东的掏空行为，具有监督的作用。全怡和陈冬华（2017）认为，法律背景独立董事主要由律师，法学研究人员以及公、检、法、司退休人员三部分组成，他们发现，拥有法律背景独立董事能够抑制高管犯罪行为，且独立董事的法律背景多元化和丰富的经验也可以起到防范高管犯罪的作用。（3）技术背景。胡元木等（2016）发现上市公司通过设立技术独立董事，可以有效抑制管理层对于研发费用的操控，并且当技术独立董事拥有理论和实务双重背景时，其监督效果更好。其次，还有学者研究了独立董事的单位背景，主要从科研单位和政府部门两个方向拓展。逯东等（2017）将官员型独立董事划分为政府官员型和高校官员型，他们发现，如果上市公司聘任的是政府官员型独立董事，违规倾向较高，违规被稽查的概率较低；而如果聘任的是高校官员型独立董事，公司的违规倾向则较低。因此，高校官员型独立董事发挥了监督作用，而政府官员型独立董事则是发挥了寻租能力，为上市公司谋求庇护。

　　当前，独立董事特征的研究呈现百花齐放的态势，学者们还发现独立董事的社会资本、距离公司远近和兼职状况也会影响他们监督职能的发挥。（1）社会资本和社会网络。陈运森和谢德仁（2011）研究了独立董事的社会网络与投资效率的关系，研究发现，独立董事的网络中心度越高，公司的投资效率越高，进一步地表现为可以缓解公司的投资不足，也可以抑制过度投资。但是在政府干预程度较高的公司和国有上市公司中，这种投资效率会降低。陈运森（2012a）还发现，独立董事的网络中心度越高，可以降低第一类和第二类代理问题，并且可以提高运营效率。此外，他还发现网络中心度高的独立董事，可以促进公司的会计信息披露质量（陈运森，2012b）。高凤莲和王志强（2016a）从三个维度来衡量独立董事的综合社会资本，即在公司外部的横向关系（政治联系、与商业机构融资关系、与其他公司关系和与行业主管部门关系）、公司内部的纵向关系（政治地位、经济地位和职业地位）、社会声誉（荣誉称号和荣誉嘉奖），研究发现独立董事的社会资本越高，股东和管理者之间的第一类代理问题、大股东和小股东之间的第二类代理问题越低，在法律保护环境较弱或者信任水平偏低的地区，这种监督效应越显著。此外，他们还发现，独立董事个人社会资本越高，高管薪酬与公司绩效的敏感性也越强（高凤莲和王志强，2016b）。（2）距离。罗进辉等（2017）考察了独立董事主要工作所在地到上市公司的距离对于公司代理成本的影响，结果发现，距离与代理成本为"U"型关系，并且在国有企业和欠发达地区更加明显。此研究为考察地理距离对于独立董事监督作用的影响提供了经验依据。（3）兼职状况。马如静等（2015）用独立董事的兼职席位平均数来衡量独立董事在上市公司中的兼职数量，研究发现，由于兼职独立董事拥有丰富的经验、社会网络关系丰富，因此有助于降低信息不对称，发挥独立董事监督和咨询的功能，进而IPO的抑价程度就越低。并且兼职席位较多的独立董事并未因繁忙而弱化职责履行。全怡和陈冬华（2016）研究发现，独立董事投入的时间精力不同，会对公司产生不同的监督效果。在独立董事兼职的所有公司中，独立董事倾向于对相对声誉较高、距离较近、交通时间成本较低的公司，投入更多的时间和精力。如果公司的会计业绩恶化，独立董事更倾向于离开声誉较低、距离较远的公司。郑志刚等（2017）使用公司独立董事在不同上市公司兼职数量的加总值与公司独立董事总数的比值来衡量独立董事的平均兼职数量，发现兼职独立董事可以提高公司的盈利能力和管理效率，当独立董事兼职数量过多或距离任职公司较远，则会影响独立董事监督作用的发挥。相反地，李志辉、杨思静和孟焰（2017）发现，独立董事兼任数量与企业债务融资成本成正比，因此在债券市场中独立董事兼任的忙碌假说占据主导地位，监督效率较低。

以上文献都是从独立董事特征的角度来考察独立董事的监督职能，除此之外，独立董事的监督职能还可以体现在其所发表的独立意见中。王凤华和张晓明（2010）研究发现，如果独立董事敢于对上市公司的违规行为说"不"，可以抑制上市公司对关联交易进行盈余管理。赵子夜（2014）将独立董事的意见分为"无过"和"有功"两类，"无过"型意见指独立董事对上市公司的关联交易不直接发表否定意见，而是以一种中性的语言表达对关联交易的看法，而"有功"型意见是指独立董事对上市公司的关联交易用一种积极的语言进行肯定。研究发现，相对于"无过"型独立董事意见，"有功"型独立董事意见的市场反应为正，但当独立董事与其他董事是校友或者是公司的控制权和现金流权分离程度较高时，便会削弱这类文字产生的效应。陈睿等（2015）将独立董事的"逆淘汰"现象定义为尽职独立董事在人力市场出局较多，而不尽职独立董事则留下或入局较多的现象。他们以 2005～2011 年独立董事的意见作为样本，发现由于独立董事的任免权被上市公司的实际控制人裁决，因此大多数尽职的独立董事在对上市公司提出质疑后遭到了解聘，并且之后在人力市场上获得的职位数显著低于不尽职的独立董事。

综上所述，由于公司制企业所有权和经营权分离，导致委托人和代理人之间的利益函数不一致，从而产生了委托代理问题，由于公司的管理层更了解公司的运营，使得他们有机会剥削掠夺股东的财富。为了减少这一代理问题，将独立董事引入董事会，发挥监督作用，从而可以在一定程度上抑制股东和管理层之间的代理问题。此外，由于中国一股独大现象严重，大股东可以通过关联交易等方式中饱私囊，因此独立董事的另一个监督职能，就体现在缓解大股东和小股东之间的代理问题，抑制大股东侵害小股东的行为。

大部分文献支持了独立董事能有效地发挥监督职能（王跃堂等，2006；曹伦和陈维，2008；王凯等，2016；全怡和陈冬华，2017；胡元木等，2016；陈运森和谢德仁，2011；陈运森，2012a；陈运森，2012b；高凤莲和王志强，2016a；高凤莲和王志强，2016b；罗进辉等，2017；马如静等，2015；全怡和陈冬华，2016；郑志刚等，2017；王凤华和张晓明，2010；赵子夜，2014；陈睿等，2015）。然而，还有一部分学者发现，独立董事只是"花瓶"，没有有效地发挥监督职能（胡勤勤和沈艺峰，2002；李常清和赖建清，2004；魏成龙和郑军，2009；全怡等，2014；逯东等，2017；杨思静和孟焰，2017），这引发了学者们对于独立董事更多职能的进一步探索。

二、咨 询

通过对独立董事监督职能的回顾可以发现，不少学者质疑独立董事在公司治理中的监督职能，这是因为在股权较为集中和存在内部人控制的上市公司中，独立董事的选聘主要由大股东及管理层决定，独立董事出于对薪酬和连任的需求，往往不愿意直接顶撞管理层，因此弱化了其监督职能。通常来说，独立董事一般是某个领域的专家，当上市公司在生产经营中遇到问题，需要相关领域的专业指导，而董事会或者管理层又缺乏相关领域的专长时，就倾向于聘请该领域的专家作为独立董事，这样既满足了《指导意见》的要求，又能够发挥独立董事的专长，为公司带来专业的指导和咨询，解决公司的现实问题。

目前，学者们已经证实了具有某一领域专长的独立董事，确实能够在公司治理中发挥咨询作用。刘浩等（2012）用2001～2018年聘任过曾在银行任职的独立董事的上市公司为样本，研究发现由于这类独立董事曾在银行任职，其对公司在信贷方面的咨询作用明显。被聘用后，上市公司的信贷余额得到了显著的提高，并且这一现象在金融市场化程度较低的地区更为明显。何威风和刘巍（2014）指出，上市公司聘请具有法律背景的独立董事，主要是希望他们能为公司提供法律咨询，降低公司的法律风险。特别是当公司面临着较多的法律诉讼、股利分配、股权转让以及资产收购等活动时，上市公司更倾向于聘请拥有法律背景的独立董事。万良勇和胡璟（2014）研究了独立董事网络中心度与公司并购的关系，他们证实独立董事确实发挥了咨询的功能，当网络中心度越高时，公司并购越容易发生，并且这种正向关系在正式制度环境越差的地区越显著。沈艺峰等（2016）将在大专院校、科研院所等科研单位工作的人员界定为学术背景的独立董事，他们研究发现，学术背景的独立董事越多，公司的研发投入越多，产品市场的竞争力越强，但具有学术背景独立董事的增加与产品市场竞争提升的关系呈倒"U"型，该研究证明了独立董事具有咨询和信号传递的作用。马如静和唐雪松（2016）也发现，学者型独立董事的比例越高，公司业绩越高，CEO 变更和业绩敏感性也越高。

三、资源支持

除了监督和咨询的职能，独立董事的第三大职能是资源支持。上市公司可以通过独立董事在其专业领域的影响或者联系，为上市公司的生产经营提供资源上的支持，例如聘请银行背景的独立董事，可以与银行建立联系，从而更容易获得贷款；聘请行政背景的独立董事，能够与政府建立联系，从而将其政治资源与企业共享。

实证文献证实了独立董事的资源支持职能。如果上市公司聘请的独立董事是同行业的证券分析师，那么上市公司可以获得更多的股权再融资机会（全怡等，2014）。谢志明和易玄（2014）指出，行政背景的独立董事是指上市公司聘任的独立董事曾在政府机构任职但目前已经离职的前政府官员。民营企业、中央直属国有企业和地方国有企业聘请行政背景的独立董事，主要发挥了资源获取的功能，可以获得更多的银行信贷支持，而国资委直属的国有企业聘请行政背景的独立董事，主要发挥监督的职能，但资源获取的职能不明显。全怡等（2017）以 2002 ~

2013 年 A 股主板上市公司为样本，研究了异地公司为什么聘请来自北京的独立董事，他们发现聘请北京独立董事有助于异地公司获取政治资源，包括便于进行股权再融资、进入高壁垒行业和避免违规处罚。

此外，对于中央组织部 2013 年 18 号文件的事件研究，也证实了独立董事具有资源支持的功能。2013 年 10 月，中组部发布了 18 号文件《关于进一步规范党政领导干部在企业兼职（任职）问题的意见》，该文件规定，现职和不担任现职但未办理退（离）休手续的党政领导干部不得在企业兼职（任职）。对辞去公职或者退（离）休的党政领导干部到企业兼职（任职）必须从严掌握、从严把关，确因工作需要到企业兼职（任职）的，应当按照干部管理权限严格审批。兼职的任职年龄界限为 70 周岁。在这一事件背景下，学者们深入分析了官员独立董事辞职后对于上市公司的影响。叶青等（2016）认为，在我国法律保护较弱而政府干预较强的背景下，公司的生产经营和投融资活动受到各级政府相关部门的管制和干预，这促使企业家通过聘请官员独立董事与政府建立联系，从而为企业谋取相应资源提供便利。因此当"禁令"下达，这类独立董事被迫辞职，公司便无法通过这一途径建立政治联系为企业获取资源，如税收优惠或者财政补贴等。实证研究发现，官员独立董事辞职导致公司的市值在短窗口（公告日前后 5 天）下跌幅度超过 2%，并且官员的级别越高，反应越大，这表明官员独立董事的监督和咨询功能弱于一般独立董事，他们主要发挥的是资源获取和寻租的功能。邓晓飞等（2016）也发现，官员独立董事的被迫辞职，使得非国有企业与政府的政治联系丧失，因此其股价显著下跌，这一现象在治理环境差的地区表现得更为明显。但是与上面研究结论不同的是，在总体样本中，这一事件的市场反应为负值但不显著［窗口（0，1）和（-1，1）］。当将企业进一步划分为国有企业和非国有企业子样本，在同样的短窗口内，官员独立董事的强制辞职没有产生显著为正的市场反应。醋卫华（2015）的研究也证实了市场对于独立董事辞职公告的反应显著为负，这说明官员背景的独立董事辞职对于上市公司是一种损失。

四、信号传递

独立董事的信号传递功能，学者们主要从独立董事的特征和独立董事辞职两方面进行研究。

（一）独立董事的特征

（1）证券背景。何贤杰等（2014）发现，当上市公司聘请了证券背景的独立董事后，由于证券背景的独立董事和券商自营机构的人员同属于一个圈子，那么这种社交关系的优势，使得券商自营机构的人员能够较早并以较低的成本获得上市公司的信息，进而持股比例较高。何贤杰等（2014）还发现，聘任了券商背景的独立董事，公司的内幕交易程度也较高。（2）行业专家。行业专家型独立董事是指某一独立董事的工作经历或者取得的学位与上市公司的经营范围相关，当公司聘请行业专家型独立董事时，由于该独立董事能够充分理解公司交易的实质，从而有利于公司特质信息的解读和释放，进而降低了业务复杂度与股价同步性的正相关关系（张斌和王跃堂，2014）。张斌（2015）指出，行业专家型独立董事能够提高公司特质信息的传递效率，削弱政府干预对特质信息的影响，也增进了机构投资者和分析师对于公司特质信息的解析效率。（3）法律背景。法律背景的独立董事倾向于选择风险较低的公司，这体现了独立董事的信号传递作用，与此同时，独立董事在任职过程中也发挥了积极的监督作用（全怡和陈冬华，2017）。（4）兼职状况。独立董事兼职席位具有信号传递功能，因为兼职独立董事可选择的公司较多，更关注自身的声誉和法律责任，从而注意避免风险，因此倾向于选择高质量和低风险的公司任职（马如静等，2015）。（5）社会网络。王文姣等（2017）发现独立董事社会网络不能强化独立董事的监督能力，但是能增强独立董事的信号传递能力，他们同时促进了公司内部信息向外传递和外部信息向内传递，因而降低了公司的被诉风险。

（二）独立董事辞职

担任上市公司的独立董事，不仅能够提高自身的声誉和知名度，还能够获得丰厚的报酬，也不存在巨大的工作压力和负担，因此通常情况下，独立董事不会提前辞职。但是，当独立董事预见到公司可能存在潜在的违规行为或者治理缺陷，一方面，他们无力改变现状；另一方面，继续留任又可能使自己受到牵连，影响名誉，出于自保，他们往往选择辞职来主动规避风险。因此，独立董事的辞职行为具有信息含量，特别是非规定的辞职行为，往往预示着公司存在着严重的治理缺陷。张俊生和曾亚敏（2010）收集了 2004～2008 年间沪、深两市 112 起独立董事辞职事件，并将事件划分为按规定辞职组和非规定辞职组，其中按规定辞职组主要是指独立董事的任期届满或者出于监管需要辞职。他们发现，在短窗口中市场对非规定性辞职的反应消极，并且在长时间内，平均累计超额收益率显著为负值，这一现象在没有对独立董事表示感谢的公告中反应更为明显。吴冬梅和刘运国（2012）研究发现，对于独立董事的"非规定"辞职和"多人"辞职，上市公司更多采用捆绑披露，进一步的，他们将非规定辞职划分为可疑和尤其可疑的辞职（当辞职原因为"公开批评上市公司"或"未说明辞职原因"时，为尤其可疑辞职，否则为可疑辞职），可疑辞职更多采用捆绑披露。结论表明，管理层为了隐藏坏消息，倾向于采用不完全披露的方式，以分散公众的注意力。戴亦一等（2014）以独立董事提前辞职现象作为研究对象，发现独立董事提前辞职的行为具有传递公司治理缺陷的作用，这类公司下年度出现财务报表重述和严重违规行为的概率会显著增加，这种现象在政治联系强的企业表现得更为明显。尚兆燕和扈唤（2016）以 2011～2013 年独立董事主动辞职的公司为研究对象，他们发现，独立董事主动辞职传递了公司存在重大内部控制缺陷的信号，进而这些公司被出具非标审计意见的概率会增加。

综上所述，独立董事在公司治理中是否具有积极作用，具有何种作用，目前学者们已经从不同的角度进行了研究，早期的主流观点认为独立董事只具有监督职能，随着学者们的深入钻研，后续的研究拓展了独立董事的职能，发现独立董事对于上市公司而言，还具有咨询、资源支持和信号传递的作用。对于某一家上市公司而言，独立董事的这些职能可能单独存在，也可能同时并存。

第二节　分析师相关研究回顾

分析师是资本市场中的专业人士，通常在证券、基金等机构任职，是投资者和上市公司的信息桥梁。他们利用自身的专业知识，对资本市场中上市公司的数据和信息进行搜集、加工、整理，形成有价值的研究报告，进而为投资者提供上市公司的盈利预测和投资买卖建议。

关于分析师的研究文献，主要关注分析师跟踪程度、预测分歧度、预测准确度（或预测精度、预测误差）和分析师评级四类指标。常见的文献中，有的专门研究一个指标，有的则是同时考虑多个指标。具体来说，对这四类指标的研究文献可以划分为影响因素和经济后果两方面。

一、影响因素

学术界普遍认为，分析师能够缓解投资者和上市公司之间的信息不对称，提高上市公司的透明度，促进资本市场的效率。但是随着证券公司业务的多元化，以及分析师对自身利益的考量，使得分析师面临着越来越严峻的利益冲突。首先，上市公司既是分析师研究的对象，也是分析师所属机构利益的来源。为了获得投行、经纪业务，证券公司会小心维护与上市公司的关系，迫使分析师向投资者发布较为乐观或者不客观的盈余预测数据，以达到业务拓展的目的；其次，从个人职业发展的角度来看，如果分析师有意愿跳槽到上市公司工作，很可能受到对方管理层的影响，发布一些有利于上市公司的不实预测；再次，从获得私有信息的角度来看，分析师也倾向于和上市公司建立良好关系，从而使得分析师获得更多上市公司的内部信息，因此分析师有动机发布有失偏颇的预测或评级以误导投资者。

那么，在此背景下应如何提高分析师的预测能力是学术界和实务界非常关心的话题，本节从信息披露、分析师特征、审计、公司特征等角度考察了对于分析师预测能力的影响因素。

（一）信息披露

学者们很早就注意到年报的信息披露和管理层的业绩预告会影响分析师预测。白晓宇（2009）考察了2001～2007年的预测样本，以深圳证券交易所的信息披露考评结果和是否按规定发布业绩预告来衡量上市公司的信息披露政策，研究发现，信息披露政策越透明的公司，跟踪的上市公司越多，预测的分歧度越小且准确度越高。刘永泽和高嵩（2014）发现具有专长的分析师，其盈余预测的准确度也较高，但如果公司的信息披露质量较高，对分析师发布的行业信息需求就会减少，因此信息披露质量和分析师的行业专长是替代关系。储一昀等（2017）也证实了分析师预测是公司管理层信息披露的一种替代。

在此之后，学者们不再局限于研究信息披露的整体质量，而是从信息披露的形式和内容着手，深入挖掘这方面对于分析师预测的影响。其中，一部分学者们发现管理层的业绩预告形式也会影响分析师预测。王玉涛和王彦超（2012）考察了业绩预告披露形式对于分析师盈余预测行为的影响，他们发现，相对于定性披露的公司，分析师对于定量披露的公司追踪数量更多，预测误差和预测分歧度越低；相对于披露闭区间宽度较大的公司，分析师对于披露闭区间宽度较小的公司跟踪数量更多，预测误差和预测分歧度也更低。李馨子和肖土盛（2015）也发现，管理层业绩预告与分析师盈余预测修正正相关，即如果管理层的业绩预告高于上一次分析师的盈余预测，则分析师会向上修正盈余预测，并且当预告的是好消息、点估计或者预告的可靠性较高时，这种现象更明显。另外一部分学者们则深入考察了年报信息披露的具体内容对于分析师预测的影响。董小红等（2015）以2003～2013年为研究区间，发现或有事项的信息披露会影响分析师的盈余预测，研究指出，披露越详细，分析师跟踪数量越多，但由于或有事项存在不确定性，会导致分析师预测分歧度变大，此外，或有事项的披露能提高明星分析师的预测精确度，但是对于非明星分析师的预测精确度没有影响。丘心颖等（2016）通过构建年报复杂性指标，考察了年报的复杂性对于分析师跟踪和预测能力的影响。实证研究证明，年报越复杂，分析师跟踪的人数越多，但是对于分析师预测的信息含量、预测精度和离散度均没有影响。说明分析师没有有效地发挥其对信息的解读作用。曲晓辉和毕超（2016）研究了分析师对于财务报告会计信息的解读情况，研究发现，分析师倾向于解读应计信息含量较高、会计信息可比性较高和利润表公允价值信息含量较高的财务报告。进一步研究发现，相对于操控性应计，分析师更倾向于解读非操控性应计。王雄元等（2017）检验了年报风险信息披露对于分析师预测准确度的影响。他们发现，不论是基于公司层面还是分析师层面，风险信息披露频率与分析师预测准确度成正比，并且在非国有企业；盈余质量较高的企业；公司治理较好的企业和非明星、行业专长度较低、对公司跟踪时间较短的分析师中作用效果更好。

（二）分析师特征

宋乐和张然（2010）将分析师分为两大类：如果上市公司的高管曾经或正在分析师所在的证券公司工作，就划分为关联分析师，否则为非关联分析师。研究发现，关联分析师的预测精度较低，且更容易高估盈余。这种现象在规模较小、非国有的公司；负债比例高和盈余异常的公司中更显著。王玉涛等（2010）比较了国内分析师和海外分析师的预测准确性，他们发现，在会计准则变化前，国内分析师的预测准确度显著高于海外分析师，会计准则变化后，虽然会计准则与国际准则的差异减少或者消失，但是国内分析师的预测准确度依然高于海外分析师，只是显著性降低，这说明地理距离和会计准则变化都会影响分析师的预测准确性。董大勇等（2012）则从分析师属性、分析师所属机构属性和竞争环境的角度分析了分析师特征对于分析师预测发布领先——跟随行为的影响。他们发现，目标股票跟进分析师数量越多、跟进股票研究经历越长、历史领先度越高、一般研究经历更长和所属机构年度发布报告数越多的分析师，发布预测的领先度越大；但是，如果分析师是明星分析师或者在其他股票上的历史领先度较高，那么分析师发布预测的领先度较小；而评级标准差代表的信息差异对于分析师发布领先度同时具有正向和负向的影响。袁振超等（2014）研究发现，分析师对现金流的预测有利于分析师理解盈余的内容，从而能够提高分析师盈余预测的准确性。

（三）审计

高瑜彬等（2017）使用审计定价模型估计的残差作为异常审计费用的代理指标，他们发现，异常审计费用越高，公司的信息环境较差，公司的盈余质量较低，进而导致分析师预测分歧度上升，预测精度下降。蔡利等（2018）将共享审计师定义为审计企业当年与其前五大供应商或客户中至少一家聘用同一会计师事务所的审计人员。研究发现，共享审计师能够降低分析师的预测误差，并且当供应商或客户比较重要，共享审计师是个人层面的共享时，更能降低分析师的预测误差。

（四）公司特征

（1）公司战略。蔡卫星和曾诚（2010）认为，多元化会提高分析师获取信息的成本，公司的多元化程度越高，分析师的关注度越低。进一步的，多元化分为相关多元化和非相关多元化，与非相关多元化的公司相比，由于信息和技术都有共同性，获得的难度相对较低，因此相关多元化的公司，分析师的关注度较高。何熙琼和尹长萍（2018）从财务杠杆、固定资产更新程度、资本密集度、研发强度、广告和宣传费用支出、管理费用投入六个维度，构建了企业战略差异度指标，研究发现，企业战略差异度越大，分析师跟踪人数越少，预测误差和预测分歧度就越大。在信息透明度较高的情况下，以上的情况会有所改善，但是当环境不确定性较高时，情况会加剧恶化。

（2）研发活动。徐欣和唐清泉（2010）研究发现，由于研发活动具有不确定性，使得财务报告对于研发活动的披露不足，产生了信息不对称，分析师希望挖掘更多的信息以提高自身的薪酬和声誉。因此企业当期研发投入越多，拥有的专利产出越多，财务分析师跟踪的人数也越多。相对于外观设计和实用新型专利，分析师对于发明专利给予更高的关注。苏治和魏紫（2013）研究了无形资产资本化程度与分析师盈余预测相关指标的关系，他们发现，无形资产的资本化程度越低，公司的信息不对称程度就会越高，由于可以挖掘更多的信息，因此分析师的跟踪数量越高，但由于分析这些信息的难度较大，分析师的预测误差较大、预测分歧度也较高。

（3）会计质量。蔡庆丰和杨侃（2013）将公司的信息划分为有形信息和无形信息，其中，与基本面相关的信息称为有形信息，基本面以外的其他所有信息称为无形信息。他们以 2005 年第三季度~2011 年第二季度的截面数据作为研究样本发现，无形信息是促使分析师进行评级调整和盈余预测调整的主要因素，机构投资者在调整持股数量时则既依赖于有形信息，也依赖于无形信息。吴锡皓、胡国柳（2015）研究发现企业面临的不确定性越大，分析师盈余预测的分歧度和误差也越大。他们将公司在预测年份里划分为"持续稳健"和"非持续稳健"两类，发现在所有年份"持续稳健"的公司，会计稳健性能抑制不确定性对于分析师预测分歧度和误差的负面影响，而在所有年份"非持续稳健"的公司，会计稳健性的抑制作用并不明显。

（4）媒体。周开国等（2014）利用百度新闻搜索平台，搜索了包含上市公司股票代码的年度新闻报道数量作为媒体关注度的代理指标。研究发现，媒体关注度越高，分析师预测误差越低，并且这种现象在分析师预测乐观的公司中较为显著。进一步研究发现，媒体关注度对于分析师预测误差的影响，主要是通过提高分析师的关注度来实现的。谭松涛等（2015）也证实了媒体关注度和分析师预测误差、预测乐观度的负相关关系，他们还发现，媒体关注度对于分析师预测精准度的提升作用，主要是通过降低媒体分歧度实现的。

（5）其他。伍燕然等（2012）指出，以往文献中，在经典金融学框架下，分析师盈利预测的偏差主要是由理性因素驱动，如分析师个人或者所在机构利益最大化。然而，分析师的预测偏差还同时受到行为金融学的影响，他们使用封闭式基金折价率、换手率、IPO月度溢价和新增开户数，通过主成分分析构建投资者情绪的代理指标，研究发现，当市场情绪高涨时，分析师则会调高盈利预测，当市场情绪低落时，分析师会调低盈利预测。窦欢和王会娟（2015）研究发现有私募股权参与的上市公司，分析师的关注度和预测准确度都更高，有外资私募股权参与的上市公司，这种正相关关系更明显。此外，参与上市公司私募股权的机构越多，分析师的关注度也会越高，但是对于预测准确度没有影响。全怡（2018）研究发现，如果IPO公司聘请了职业董秘，分析师跟踪人数越多，预测也会越精确，从而提高了公司的信息透明度。

二、经济后果

前已述及，分析师作为资本市场中的专业人士，大多受过良好训练并拥有专业知识，对于资本市场中公共信息和私有信息的搜集、加工、解读能力较强。在信息搜集方面，分析师的信息搜集渠道广泛，可以及时、快速地获取资本市场中的公共信息和私有信息；在信息解读方面，分析师拥有的专业经验和数据解读分析能力，可以有效地挖掘上市公司的经营和财务状况，从而做出高质量的盈余预测；在信息传递方面，分析师可以通过多种媒体渠道发布研究报告，为投资者的投资活动提供有用信息。因此，信号传递理论认为，分析师作为信息媒介，可以缓解投资者与上市公司间的信息不对称，提高资本市场效率，从而促进企业和股东财富的最大化。

然而，正是由于分析师在资本市场的关键作用，使得管理层为了面对来自各方的压力，倾向于迎合分析师的盈利预测。因为一旦公司的业绩无法达到分析师的预测值，投资者和资本市场就会出现消极反应，导致公司的股价下跌，管理层的能力也会因此遭到质疑。因此业绩压力理论认为，分析师对上市公司的跟踪和盈余预测会导致管理层的短视行为，为了迎合分析师的预测，做出损害上市公司长远利益的行为。

综上所述，理论分析得出两种截然相反的结论，分析师的行为可能会对上市公司产生积极或消极的影响，基于此，本书分别从分析师跟踪、分析师盈余预测、分析师评级、分析师实地调研和事件研究五个方面，述评分析师经济后果领域的相关文献。

（一）分析师跟踪

大部分的学者发现，分析师跟踪人数的提高，对于上市公司有正向的促进作用。潘越等（2011）研究发现，上市公司信息透明度越低，个股股价暴跌的风险越高，而分析师跟踪人数越高，越可以缓解信息透明度环境较差时对于个股暴跌风险的负面影响。伊志宏等（2015）考察了女性分析师对于股价同步性的影响，他们发现，在证券行业工作的女性分析师普遍能力较强，为了获得晋升，她们需要比男性表现出更强的专业胜任能力。此外，性格特征使得女性分析师普遍比男性分析师更谨慎，使得她们能够挖掘到更多的公司特质信息，因此被女性分析师关注的公司，股价同步性较低，并且当女性分析师留学经历的比例较高、努力程度提升时，这种现象更为明显。郑建明等（2015）研究发现，在监管力度较弱时，分析师跟踪越多，上市公司业绩预告违规的概率越低。此外，明星分析师跟踪的比率越高，来自高声誉券商的分析师越多，分析师预测分歧度越低，准确度越高，治理的效果越好。但是当监管力度较弱时，对于上市公司违规业绩预告的影响并不明显。说明在监管力度较弱时，分析师跟踪是监管制度的一种替代方式。李祎等（2016）考察了新会计准则实施背景下，分析师和机构投资者对于公司的治理作用。研究发现，由于新会计准则的实施给公司带来了更多的弹性空间，公司可利用公允价值等手段调节盈余，导致公司的权益资本成本增加。但是分析师的跟踪人数越多、机构投资者数量越多时，可以降低新准则对于权益资本成本的正向影响。进一步研究发现，分析师和机构投资者二者的治理作用是替代关系而不是互补关系。陈钦源等（2017）考察了2003～2014年A股上市公司分析师跟踪对于企业创新绩效的影响，他们使用专利产出作为创新绩效的代理变量，发现分析师跟踪数量越多，越能缓解企业在创新过程中的信息不对称和代理问题，企业的专利产出数量就越多。此外，当使用企业的专利产出与研发收入投入之比、企业未来第二年的专利获批数、不同类型专利的获批数（发明专利、实用新型和外观设计）作为创新绩效的代理变量进行稳健性检验时，结论依然成立。余明桂等（2017）也得出了相同的结论，除此之外他们发现，当有较多高声誉的分析师进行跟踪时，企业的创新产出更多。他们还发现分析师是通过缓解融资约束促进了企业的创新。李琳和张敦力（2017）使用上市公司董事、监事和高级管理人员的获利数据作为内部人交易数据，他们发现，分析师跟踪人数越多，内部人交易的获利能力越低，但是国有控股和机构投资者持股会削弱二者的负相关关系。

以上文献证实分析师跟踪人数越多，对上市公司的治理作用就越强，但是也有一部分学者发现，分析师跟踪会给上市公司带来负面影响。翟胜宝等（2016）考察了分析师跟踪与审计意见购买行为的关系。他们发现，分析师跟踪会引起投资者对于公司的关注，特别是当公司被出具"非标意见"时，分析师对于公司的过多跟踪，会引起投资者抛售公司股票，导致股票下跌，因此，在分析师跟踪人数越多时，特别是当公司有明星分析师跟踪时，公司管理层由于受到较大的压力，会倾向于购买清洁的审计意见。

最后，还有学者认为分析师跟踪可能同时起到正、反两方面的作用。宫义飞和郭兰（2012）以2005～2010年A股上市公司作为研究对象，发现在政府干预较少的国有控股公司，分析师跟踪数量越多、预测一致性越高，从而向投资者释放的信息更多、也更准确，进而投资现金流敏感性越低。而在政府干预较多的国有公司和民营公司，由于这类公司的过度投资多是由委托代理问题引起的，不大会受到融资约束的影响而导致投资不足，因此分析师的跟踪不能降低其投资现金流敏感性。李春涛等（2014）考察了分析师跟踪和企业应计盈余管理的关系，他们按规模将企业划分为知名企业和非知名企业，最后发现，对于知名企业，分析师跟踪可以有效地抑制盈余管理行为，但是对于普通企业的影响却不显著。张芳芳和陈习定（2015）使用可操控经营现金净流量、可操控产品成本和可操控酌量性费用构建了真实盈余管理指标，研究发现，分析师覆盖人数与公司的真实盈余管理正相关，这表明上市公司为了达到分析师的盈余预期，承受了较大的压力，不得不进行盈余管理以迎合分析师的预测。进一步细分发现，对于进行向上盈余管理的公司，分析师覆盖人数与真实盈余管理负相关，表现为监督作用；而对于进行向下盈余管理的公司，分析师覆盖人数与真实盈余管理正相关，表现为压力作用。在此基础上，李春涛等（2016）比较了分析师跟踪对于应计盈余管理和真实盈余管理的影响。他们使用2006～2014年的A股上市公司数据，研究发现，分析师跟踪越多，公司应计盈余管理的规模越小，但是真实盈余管理的规模越大。这主要是因为应计盈余管理的隐蔽性较差，容易被分析师发现，公司迫于压力转向进行真实的盈余管理。

（二）分析师盈余预测

关于分析师盈余预测误差和预测分歧度对于上市公司的影响，学者们的意见较为统一，他们普遍认为，分析师盈余预测乐观偏差越大、误差越大、分歧度越大，对上市公司产生的负面影响也越大。许年行等（2012）使用2003～2010年A股上市公司数据，研究发现分析师的乐观偏差越大，个股股价崩盘风险越高。当市场处于牛市、机构投资者数量较多和持股比例较高、公司有再融资行为以及来自前五大佣金收入券商的分析师比例较高时，这种正相关关系更为显著。林晚发等（2013）研究了2008～2012年发行债券的上市公司样本，发现分析师预测的分歧度越大，债券的信用利差越大。当分析师的预测值大于真实值时，债券价格上升进而债券利差减小；当分析师的预测值小于真实值时，债券价格下降导致债券利差增大。进一步地，他们还发现，分析师的跟踪人数越多、分析师是明星分析师，可以降低债券的信用利差。此外，还有学者比较了分析师对于银行和普通工商业企业的预测分歧度和预测误差，他们以分析师盈利预测分歧度和预测误差作为不透明度的测量指标，研究发现，与普通工商业企业相比，分析师对于商业银行预测分歧度和预测误差均较小（李春涛等，2013）。

可以看出，分析师的预测误差和预测分歧度会给公司带来负面影响，那么相对于传统的统计模型，分析师的预测是否更有优势呢？学者们比较了分析师和统计模型在盈余预测准确性上的优劣。岳衡和林小驰（2008）使用七种统计模型（随机游走模型、年度定量增长模型、年度定比增长模型、年度平均模型、季度一致模型、季度平均模型、季度调整模型）对上市公司的盈余进行预测，并与分析师做出的盈余预测进行对比，研究发现，如果是以年度历史数据为基础做出的盈余预测，分析师的预测准确度较高，如果是以季度历史数据做出的盈余预测，统计模型的预测准确度较高。他们还进一步探究了哪些因素会影响分析师预测的准确度，当每股盈余的波动性较大、公司上市越晚、分析师跟踪人数越多时，分析师预测的优势就越大。李丽青（2012）比较了分析师盈余预测精度和随机游走模型预测精度的优劣，研究发现，在熊市中，分析师盈余预测的准确度较高，基于分析师预测的投资回报也较高，而在牛市中，随机游走模型的预测更准确，基于随机游走模型的投资回报也更高。说明分析师的盈利预测是非理性的，对于资本市场的信息作用还有待加强。

（三）分析师评级

学者们以证券分析师的研究报告作为研究样本，考察了分析师评级的有效性。黄霖华和曲晓辉（2014）指出，如果证券分析师给出的是买入和增持评级，公司的股票价格更高；并且相对于非绩优公司，绩优持股公司的股票价格、可供出售金融资产公允价值确认的影响作用更大。肖斌卿等（2017）研究发现，在分析师调研报告和评级调整事件之后，投资者购买推荐上市公司股票的相对行业超额收益率、相对大盘超额收益率均显著为正，当分析师是明星分析师、券商实力较高，调研时点出于牛市、上市公司透明度越高、机构调研次数越多和调研机构数量越多时，上述影响更为显著。

但是，也有学者认为分析师评级的效果并不明显。蔡庆丰和陈娇

（2011）发现如果公司股价在分析师报告发布前一周大幅上涨，分析师倾向于上调股票的投资评级。说明我国分析师在评级调整上，更多的是复述市场信息而不是通过分析公司的基本面而独立地得出结论。此外，他们发现机构投资者、上市公司高管与分析师的利益冲突、证券研究部门的粗放式运营模式、证券分析师的频繁流动和年轻分析师的忧虑是导致分析师研究报告信息含量和质量不高的主要原因。

（四）分析师实地调研

此外，还有学者考察了分析师实地调研行为的作用。曹新伟等（2015）探讨了分析师实地调研对于资本市场信息效率的影响。实证研究发现由于能够实地发掘更多有效的信息，分析师实地调研的强度越大，上市公司的股价同步性越低，并且分析师实地调研对于信息披露差、研发投入较大的公司作用更为明显。许汝俊和袁天荣（2018）以分析师的调研行为为研究对象，发现分析师调研的次数，参与调研的分析师人数和明星分析师人数对于审计师的年报审计时间没有显著影响。如果分析师调研后在短期内发布盈余预测，审计师审计的时间较长，上市公司是低声誉事务所审计，上述现象会更为明显。

（五）事件研究

2006 年 8 月 10 日，深圳证券交易所发布了《深圳证券交易所上市公司公平信息披露指引》，该指引要求：上市公司（包括其董事、监事、高级管理人员及其他代表上市公司的人员）、相关信息披露义务人发布非公开重大信息时，必须向所有投资者公开披露，不得私下提前向特定对象单独披露、透露或泄露。谭跃等（2013）考察了《深圳证券交易所上市公司公平信息披露指引》（以下简称《指引》）这一政策出台对于分析师预测准确度的影响。他们发现，由于《指引》禁止上市公司将重大未公开信息提前向分析师透露，使得分析师获得的私有信息减少，而我国目前的公共信息披露环境在短时间内又不能显著提高，从而使得分析师的预测准确度降低、乐观偏差增大。他们同时指出，《指引》降低了机构投资者和承销商施加于分析师的压力，从而降低了两者对于分师预测偏差的正向影响。

2010年3月31日，我国启动融资融券业务试点，开始在证券市场上推行卖空机制。李丹等（2016）考察了在融资融券交易中引入卖空机制这一事件对于分析师预测的影响，实证研究发现，引入卖空机制后，分析师对于融资融券标的公司的盈余预测乐观偏差减少，预测准确度提高。此外，当机构私利引起的利益冲突较轻时，上述抑制作用更为明显。黄俊等（2018）考察了卖空机制引入对于分析师行为的影响。研究发现，引入卖空机制后，由于负面消息能够更及时地反映在股价之中，从而降低了公司的信息不对称程度，提高了分析师跟踪人数并降低了预测误差，如果分析师是明星分析师，这种效应会更加明显。但是，王攀娜和罗宏（2017）的研究结论却相反，他们认为，引入卖空管制后，标的股价存在下行风险，券商机构会因此面对股票市场下滑而吓退中小投资者的压力，进而会促使证券分析师发布乐观的盈余预测。当公司的规模较大、市场处于牛市时，这种现象会更加明显。

第三节　审计师相关研究回顾

一、审计师选择

关于审计师选择的研究，学者们主要考察了哪些因素会影响上市公司对于审计师的选择，即聘用高质量或低质量的会计师事务所。具体主要从公司治理、上市公司特征、高管行为和市场环境等角度进行考察。

（一）公司治理

（1）股权结构。王烨（2009）发现，控制链的长度与代理冲突呈正相关关系。代理冲突越严重，上市公司越倾向于聘请"四大"所进行审计，进一步的研究发现，聘请"四大"所进行审计的上市公司，控股股东的资金侵占程度较低，代理冲突也得到了缓解。唐跃军（2011）则从股权结构的角度研究了代理冲突对于审计师选择的影响。他们发现，控股股东控制权比例、现金流权比例和其他大股东制衡度与上市公司选择"四大"所的概率之间呈倒"U"型关系；而控股股东控制权与现金流权偏离程度越高，上市公司越倾向于聘请"四大"所进行审计。张敏等（2011）发现机构投资者持股比例越高，公司越倾向于聘请大型会计师事务所。王成方和刘慧龙（2014）发现国有股权的比例越高，上市公司选择高质量审计师的概率越低。（2）是否设立审计委员会。吴水澎和庄莹（2008）以2002～2006年我国上市公司的数据为研究样本，发现上市公司并非随机设立审计委员会，相对于没有设立审计委员会的上市公司来说，设立了审计委员会的公司更可能聘请"四大"会计师事务所。（3）董事会质量。刘笑霞和李明辉（2013）研究了2002～2010年间被中国证监会处罚的会计师事务所及其对应的客户，发现代理冲突越严重的公司，其对高质量审计的需求就越强烈。具体表现为当事务所受到处罚后，股权集中度高的公司，更有意愿进行审计师变更，但是财务杠杆和管理层是否持股则对审计师变更没有显著影响。此外，他们还考察了董事会质量对于审计师变更的影响，发现董事会的规模、独立董事比例和董事会开会次数与事务所变更的关系不明显，如果董事会设立了四个委员会，上市公司则越有可能更换审计师。

（二）上市公司特征

（1）信息披露质量。洪金明等（2011）发现信息披露质量高的公司倾向于选择高质量的会计师事务所。陈关亭等（2014）也发现，会计信息质量较高的企业，更愿意选择高水平的审计师，从而向外界传达上市公司不会侵占投资者利益的信号。（2）政治联系。杜兴强和周泽将（2010）以民营上市公司的数据为样本，研究了政治联系对于审计师选择的影响，他们发现具有政治联系的民营上市公司倾向于选择"非十大"会计师事务所进行审计。进一步地，他们将政治联系划分为政府官员类政治联系和代表委员类政治联系，发现政府官员类政治联系的公司由于信息透明度较差，倾向于选择质量较低的"非十大"所进行审计；而代表委员类政治联系的公司则没有明显的选择偏好。杜兴强等（2011）还以2004~2008年国有上市公司的数据为样本，发现具有政治联系的国有企业倾向于选择本地的小事务所，并且在地方国有企业中更为显著。（3）非正式制度。雷光勇等（2014）从非正式制度的角度出发，发现如果企业处于社会信任度较高的地区，则更愿意选择高质量的会计师事务所。

（三）市场环境

（1）与客户和供应商的关系。张敏等（2012）利用2002~2009年的制造业上市公司数据，研究了供应商和客户集中度对于审计师选择的影响。他们发现，对于国有公司来说，供应商和客户集中度与上市公司聘用大所之间呈"U"型关系；而对于非国有公司来说，供应商和客户集中度与上市公司聘用大所之间呈负相关关系。酒莉莉和刘媛媛（2018）考察了审计师与客户匹配度对于审计师变更的影响，他们发现审计师与客户越匹配，未来越不容易更换审计师，审计收费也越低；而对于那些变更审计师的公司，变更后审计师和客户的匹配度更高。此外，他们还发现，匹配度越高就越能缓解因审计师变更所带来的审计收费增加。（2）宏观环境。张鸣等（2012）根据审计师的声誉将事务所分为国际"四大"、国内"十大"和国内"小所"，他们发现，制度环境会影响审计需求和供给，表现为在制度环境相对较差的地区，上市公司变更审计师更为频繁，而且后任审计师容易出现变通审计意见的行为；在制度环境相对较好的地区，上市公司变更审计师主要是进行升级，由声誉较低的事务所升级为声誉较高的事务所。戴亦一等（2013）发现媒体的负面报道可以促使公司更换更高质量的审计师，这种现象在政府质量高的地区表现得更为明显。刘斌等（2015）研究发现，契约环境好的地区，上市公司越倾向于将"小所"更换为"大所"，而将"大所"更换为"小所"的情况较低。进行升级变更的公司，债务融资规模较大。但是在契约执行环境越好的地区，二者的正相关关系越弱，并且这一现象在国有企业中更为显著。徐玉德和韩彬（2017）以民营上市公司为样本，考察了外部市场环境对于审计师选择的影响。研究发现，如果公司的产品市场竞争地位较高，上市公司更愿意聘请内控审计师，且聘请高质量内控审计师的概率越大；而如果公司所处的行业竞争强度较高，上市公司聘请内控审计师的意愿较低。

（四）高管行为

刘明辉和韩小芳（2011）将董事会成员的离职，分为常规性变更和非常规性变更，常规性变更主要指因正常人事变动、年龄、健康等不可控因素造成的变更，其他则视为非常规变更。研究发现，被证监会、上交所或深交所以财务舞弊处罚并公告的公司，在［-1，3］年的区间内，董事会发生显著变更，但是只有其中的非常规变更引起了审计师的变更。张敏等（2010）检验了股东和高管变更对于审计师选择的影响，他们发现，高管发生变更的公司，审计师更容易发生变更，并且更倾向于聘请更高质量的事务所；而股东发生变更的公司，对于事务所的变更没有显著的影响，由此可见上市公司高管是审计师的实际聘任者。

从上面的回顾可以看出，当上市公司决定聘用审计师时，通常会从公司治理、上市公司特征、高管行为和市场环境等角度考虑聘用"小规模事务所"还是"大规模事务所"。也有学者另辟蹊径，考察上市公司选择审计师的地域偏好。如杜兴强等（2018）研究发现，当所在城市高铁开通的次数越高，由于降低了上市公司的审计费用，提高了审计质量，因此公司聘请异地审计师的概率越高，但是国有企业会降低二者的负相关关系。还有部分学者研究了上市公司变更审计师的影响因素（刘明辉和韩小芳，2011；刘笑霞和李明辉，2013；酒莉莉和刘媛媛，2018），他们发现董事会成员离职、高管变更、股权集中度越高、董事会设立了四个委员会，上市公司越有可能更换审计师。进一步地，如果公司处于制度环境或契约环境相对较好的地区、媒体负面报道越多，上市公司越有可能将"小所"更换为"大所"（张鸣等，2012；刘斌等，2015；戴亦一等，2013）。从回归结果来看，绝大部分的实证研究表明各因素对于审计师选择的影响是线性关系，但是也有个别文献表明可能存在"U"型关系（张敏等，2012）。除了考察上市公司如何选择审计师，还有学者考察了慈善基金会对于审计师的选择决策。如陈丽红和张龙平（2014）考察了慈善基金会特征与审计师选择的关系，研究发现，规模越大、组织越复杂、管理效率越好、资产负债率越高、注册在发达地区、成立时间越长、私募性质的基金会更倾向于选择"百强"事务所。

二、审 计 意 见

审计师对于上市公司出具何种审计意见并受什么因素影响是这类文献主要的研究内容。学者们发现管理层预测变脸、被证券监管机构披露违规、审计师来自特殊普通合伙制事务所、大股东股权质押比例较高、事前风险较高的公司，更容易被出具非标审计意见（张迪，2012；杨玉龙等，2014；刘启亮等，2015；张俊瑞等，2017；郑登津和闫晓茗，2017），而集团企业变更审计师，投资者关系管理综合绩效越高，本地审计师的异常审计收费越高，上市公司更不容易被出具非标审计意见（伍利娜等，2013；权小锋和陆正飞，2016；申慧慧等，2017）。

（一）容易被出具非标审计意见的情形

张迪（2012）将管理层预测分为"变脸"和"无变脸"两类，发现相对于"无变脸"的公司，"变脸"公司更容易获得非标审计意见。进一步地，他们将"变脸"型报喜的公司分为"扭亏型变脸"和"其他调增式变脸"，发现"扭亏型变脸"的公司更容易获得非标意见。杨玉龙等（2014）以民营上市公司证券违规事件为研究对象，发现民营公司被证券监管机构披露违规以后，审计师更容易发生变更且更容易被出具非标审计意见，但如果民营公司具有政治关联，则可以缓解上述情况的发生。刘启亮等（2015）考察了事务所转制的经济后果，由于特殊普通合伙制强化了审计师的法律责任、增加了审计师的违规成本，因此，相对于在有限责任制身份下出具的审计意见，同一年内同一签字注册会计师在特殊普通合伙制身份下更容易出具非标审计意见，被审计公司的盈余管理水平更低，审计质量也更高；当事务所从有限责任制转为特殊普通合伙制后，同一注册会计师在事务所转制后更容易出具非标审计意见，被审计公司的盈余管理水平更低，审计质量也更高。张俊瑞等（2017）发现如果大股东股权质押的比例越高，审计师越有可能出具非标准审计意见，并且这种正相关关系在非国有公司中更加明显。郑登津和闫晓茗（2017）以2003～2015年上市公司为样本，发现企业事前风险越高，审计师出具非标审计意见的概率越高，会计师事务所越容易发生变更，审计费用也越高。

（二）不容易被出具非标审计意见的情形

伍利娜等（2013）将企业集团看作一个整体，发现当企业集团内的一家公司被出具了非标意见，企业集团内的其他公司倾向于通过变更审计师来实现审计意见的改善。并且如果变更后的审计师是第一次审计该企业集团，其更倾向于出具标准无保留的审计意见。权小锋和陆正飞（2016）研究发现，投资者关系管理综合绩效越高，审计师出具非标意见的概率越低，并且这种现象在规模较小和分析师跟踪人数较少的公司更为显著。申慧慧等（2017）研究发现，对于信息不对称程度较高的盈余管理公司，更倾向于选择本地审计师进行审计，本地审计师的异常审计收费降低了其出具非标审计意见的概率，这种现象在信息不对称程度较低的盈余管理公司并不显著。而外地审计师的异常审计收费对于其出具非标审计意见也没有显著影响。

三、审计质量

（一）审计师轮换

关于审计师轮换对于审计质量的影响，学者们持两种观点：一种观点认为审计师轮换有助于提高审计质量；另一种观点却认为审计师轮换对于审计质量产生了负面影响。（1）正面影响。龚启辉和王善平（2009）

以 2001~2007 年获得标准无保留意见的 A 股上市公司作为研究样本，使用琼斯（Jones）模型估计出的操控性应计利润的绝对值来衡量审计质量，研究发现，CPA 轮换有助于抑制正向盈余操纵，但对于负向盈余操纵的影响不明显，且 CPA 强制轮换和自愿轮换对于审计质量的影响在统计上不显著；事务所轮换为公司在不同年度的盈余管理提供了操作的空间，在轮换前公司倾向于采取保守的政策而低报会计收益，在轮换后又倾向于采取激进的政策而高报会计收益。龚启辉等（2011）研究发现，审计师轮换后，上市公司的审计质量显著提升，表现为出具非标意见的概率增加；其中对于高资源控制权个人化会计师事务所，轮换后上市公司的正向盈余管理水平显著下降，但是这一现象在低资源控制权个人化会计师事务所却不明显，且前者的抑制幅度显著高于后者。谢盛纹和闫焕民（2012）也发现审计师轮换要优于事务所轮换，他们发现，相对于审计师轮换，事务所轮换产生了更高的轮换成本，却提供了较差的审计质量。（2）负面影响。张娟等（2011）的研究结论发现，由于强制轮换执行中存在规避行为，使得审计师频繁更换并产生过渡审计师，并且新任审计师的平均专业胜任能力较低，进而审计质量较低。他们认为强制轮换总体上没有提高审计质量，但是如果审计师经强制轮换后重新审计该公司，则可以提高审计质量。然而，蒋心怡和陶存杰（2016）也研究了经强制轮换又重新上任的审计师对于上市公司审计质量的影响，却得出了与前述分析相反的结论。他们选取了 2009~2013 年间 A 股主板上市公司为样本，研究指出，与其他公司相比，经强制轮换又重新上任的审计师审计的上市公司应计盈余管理幅度较高、审计费用增加较多、盈余反应系数较小，整体审计质量的认同度较低。吴溪等（2010）从案例分析的角度证实了蒋心怡和陶存杰（2016）的说法，他们对雪山股份有限公司进行了案例研究，公司曾经的一位审计师后来受雇于雪山股份并担任财务总监。在审计师审计公司之前，公司被特别处理（ST），当该审计师于 2001 年首次到公司执行年度审计后，公司成功摘除 ST，但是确认的非经常性损益非常重大，且在主营业务收入大幅下降的基础上还伴随着较高的主营业务利润率。此外，在 2001～2007 年间，公司的主营业务利润率均异常高于同行业水平。2008 年该审计师被聘为财务总监，公司主要财务数据均大幅度下降，其中较为明显的是大幅计提资产减值损失，这说明审计师到上市公司任职并没有提升公司的审计质量。除了考察审计师轮换对于审计质量的影响，王兵等（2010）还考察了强制任命审计师对于上市公司审计质量的影响。他们以国资委对所属央企统一实行会计师事务所选聘这一事件为研究背景，研究发现，虽然国资委选聘的事务所规模更大、人数更多、排名更靠前，但是在强制任命事务所后，与管理层选聘的事务所相比，审计质量并没有明显的提高。此外，与没有变更事务所的央企相比，审计质量也没有显著差异。

（二）审计师特征

审计师的特征也会对审计质量产生影响。冉明东等（2016）考察了受罚审计师的传染效应，研究发现，跟未曾与受罚审计师合作过的审计师相比，受罚审计师的签字同伴所审计的上市公司具有较高的正向操控性应计、较高的审计报告激进度和较低的应计质量。这种传染效应只存在于同一团队内的审计师之间，可能是由于工作中相互学习导致的。吴伟禾等（2017）通过构建审计师过度自信指标，研究发现审计师过度自信与审计质量呈负相关关系，政府监管可以弱化二者的关系，并且在国有企业中更为显著。闫焕民等（2017）考察了审计师搭档稳定性对于审计质量的影响，他们发现稳定的搭档关系可以提高团队的协同效应，从而有利于审计质量的提高，这种效应在男女搭配的团队中更为明显，但是在存在年龄代沟的团队中却被削弱。此外审计师的个人任期、角色对于审计质量的影响并不显著。

（三）审计师独立性

唐清泉和曾诗韵（2018）以审计师提供并购尽职调查的上市公司样本作为研究对象，发现由于经济依赖性和自利偏差，并购方如果聘请了财务报告审计师提供并购尽职调查，那么并购后合并财务报告的审计质量较低；随着并购资产规模的增加和提供调查的人员参与合并报告审计的程度越大，审计质量的下降幅度更大。

（四）外部环境

李长爱和申慧慧（2008）考察了财政部 19 号文的影响，他们发现，财政部收回中国注册会计师协会的行政监管权后，审计质量比之前有明显提升，并且对于非"四大"所的提升作用显著高于"四大"所。周兰和耀友福（2015）考察了媒体报道对于审计质量的影响。他们发现，媒体的负面报道可以缓解上市公司的盈余管理并提高会计稳健性，因此有利于审计师审计质量的提高。进一步地，他们将审计师变更分为升级、同级、降级变更，发现相对于同级和降级变更，媒体负面报道可以显著提高审计师升级变更对于审计质量的正向影响。

四、审 计 定 价

刘笑霞（2013）以 2008～2010 年被中国证监会处罚的会计师事务所为研究对象，考察了事务所受处罚前后对于审计收费的影响。研究发现，在受处罚之前，受处罚事务所的审计收费显著低于没受处罚的事务所；当事务所受处罚后，为了重塑声誉、提高审计质量，他们会提高审计成本，从而使得受处罚事务所的审计收费增高，并且跟没受处罚的事务所的审计收费无显著差别。方红星和张勇（2016）则发现由供应商/客户关系型交易决定的预期盈余管理越大，审计收费越高。蒋心怡和陶存杰（2016）考察了审计师强制轮换对于审计定价的影响，研究表明，经强制轮换后又重回老东家的注册会计师所审计企业的审计费用增加的幅度显著更大。王百强和伍利娜（2017）从公司战略的角度研究发现，如果企业的战略与行业的常规战略偏离越大，审计师提供审计服务时就越谨慎，审计收费就越高。

第三章

独立董事关注度分配决策研究

第一节　引　言

独立董事兼职现象在国内外均非常普遍。据马苏利斯和莫布斯（Masulis and Mobbs，2014）统计，在标准普尔1500的公司中，有53%的独立董事在两个或两个以上的公司中兼职。我国资本市场中，身兼数职的独立董事也不在少数。据本章统计，截至2014年，在A股上市公司中，共有4136个独立董事席位，而在上市公司担任独立董事的人数只有3395人，平均每位独立董事在1.22家公司中任职。希夫达萨尼和雅尔玛（Shivdasani and Yermack，1999）指出，在多个公司担任独立董事，可以向市场传递独立董事的才能和天分。然而，近期的报道指出，独立董事身兼数职难以保证足够的时间和精力来有效地履行独立董事职责。2012年2月14日，旭飞投资召开董事会拟聘任一名身兼16家公司重要职务的独立董事，2月22日，公司便收到了深交所送达的《对独立董事任职资格提请关注函》。深交所认为，该独立董事任职单位过多，对其是否还有足够的时间和精力履行独立董事一职并勤勉尽责，表示关注。此外，2012 年 5 月 25 日，新华网发表了题为"'最牛独立董事'的背后：一大学教授身兼 6 家上市公司独立董事事件调查"，质疑该大学教授是否能保证足够的精力和时间履行独立董事职责。独立董事不能有效履行独立董事职责一直备受学术界和实务界质疑和批评。

自 2001 年，独立董事制度在我国上市公司正式建立，但该制度实施 10 多年以来，一直没有出台相关的履职制度来规范独立董事的行为。2014 年 9 月，中国上市公司协会发布了首份《上市公司独立董事履职指引》，其中第五条规定："独立董事应当确保有足够的时间和精力有效履行职责，原则上最多在五家上市公司兼任独立董事。"并在第六条明确规定了独立董事的最低工作时限。然而，在我国，独立董事主要由高校学者、律师、会计师、券商行业分析师等构成，这些专家学者，除了要完成本职工作外，为上市公司工作时间普遍偏少。根据上海证券交易所统计，52.4% 的独立董事每年为上市公司服务时间少于法定的 15 天，其中近 20% 少于 10 天。

以往研究多关注公司层面独立董事的独立性和在公司治理中的作用，鲜有文献涉及个人层面上独立董事的时间和精力分配问题，特别是当一个独立董事在多个上市公司中担任独立董事职务的情况下，对他的时间和精力分配行为进行研究是具有重要意义和价值的。以 2014 年的 W 和 Z 独立董事为例，W 独立董事在当年担任 2 家上市公司的独立董事，应出席会议次数分别为 6 次和 2 次，实际出席次数分别为 2 次、2 次，对前者的缺席次数高达 4 次；Z 独立董事在当年担任 3 家上市公司的独立董事，应出席会议次数分别为 5 次、5 次、13 次，实际亲自出席次数为 3 次、5 次、13 次。可以看出，有些公司的会议次数很多，独立董事从不缺席，有些公司的会议较少，缺席比例却高达 66.7%。鉴于兼职独立董事有限的时间和精力，同时考虑到兼职独立董事对于不同公司会议的出席情况，本章考虑，在其担任独立董事的数家公司中，能否对所任职上市公司一视同仁，投入相同的关注度，即平均分配其时间和精力？还是有所侧重，区别对待其兼职的各家公司，投入不同的关注度？

如果存在区别对待各家公司的情况，又是什么因素起主导作用？

在以上背景下，本章以 2009～2014 年 A 股上市公司的兼职独立董事为样本，以单个独立董事对所兼任上市公司的关注度分配行为作为视角，深入考察了兼职独立董事关注度与勤勉度之间的关系，研究表明，兼职独立董事的行为主要受声誉理论影响，相对规模较大的公司，独立董事表现得越勤勉，相对规模较小的公司，独立董事则表现得较为懒惰，而薪酬对于兼职独立董事关注度的影响不显著。此外，兼职独立董事对于不同公司的关注程度还受独立董事个人特征和信息不透明度的影响，对于相对规模较小的公司，女性、年轻和低学历的独立董事给予较少的关注，但随着公司信息不透明度的增高，独立董事的关注程度会有所提高。

第二节　文献回顾与研究假设

一、文献回顾

独立董事制度设立的目的是为了完善上市公司的治理结构，保障中小股东的合法权益，促进上市公司的规范运作。因此，关于独立董事的研究，主要围绕着独立董事在公司治理中的作用展开。

一方面，支持者认为独立董事在公司中可以起到监督和咨询的作用，从而在改善公司治理结构，保护中小股东利益方面存在积极影响。早期的学者们认为独立董事在公司治理中有监督作用。叶康涛等（2007）通过研究发现，在控制内生性的情况下，独立董事可以抑制大股东的掏空行为。李维安和徐建（2014）以 2007～2012 年总经理继任事件为样本，发现新任总经理在执行战略变化过程中，可能会产生损害公司绩效的行为，而独立董事在这一过程中存在监督作用，能够抑制总经理冒进产生的公司绩效下降行为。马苏利斯和莫布斯（Masulis and

Mobbs，2014）研究发现，公司获得独立董事的关注越高，董事会中独立董事到会的比例越高，因此有助于独立董事治理机制的发挥，进而发现此类公司的业绩也越好。此外，独立董事在增强管理层业绩变更的敏感度（Weisbach，1988；Rosenstein and Wyatt，1990）、提高公司盈余质量（Park and Shin，2004）等方面具有治理作用。

随后，还有学者发现，由于大部分独立董事是某个领域的专家，具有较高的专业素养和良好的教育背景，因此可以在公司治理中发挥咨询作用（Byrd and Mizruchi，2005）。刘浩等（2012）通过对具有银行背景的独立董事进行研究发现，他们可以为任职上市公司的信贷融资提供便利，特别是在不发达金融地区和央行收紧金融政策时期，咨询作用表现得更加明显。孙亮和刘春（2014）研究发现公司聘请异地独立董事，可以增强公司在异地的经营效率，但是弱化了独立董事的监督职能，降低了公司的监督力度。

另一方面，反对者认为独立董事只是"花瓶"董事，在公司治理中的作用不明显。王兵（2007）通过对2002～2004年的上市公司数据进行研究发现，独立董事不能提高上市公司的盈余质量。刘诚等（2012）以2007～2009年中与首席执行官（CEO）有老乡、校友和共同工作经历关系的独立董事为研究对象，发现这些具有"关系"的独立董事不具有增强为董事会提供建议的功能。此外，刘诚和杨继东（2013）研究发现，与CEO存在社会关系的名义独立董事无法增强CEO更替——绩效的敏感性，不能发挥监督作用，反而成为CEO的保护伞。戴亦一等（2014）以独立董事辞职数据为样本，发现存在独立董事提前辞职现象的公司，下年度发生严重违规和财务报表重述的比例显明显提高，独立董事这一规避责任的行为，可能会使外部投资者遭受损失，弱化了其内部治理的作用。此外，还有学者认为独立董事在改善公司业绩（胡勤勤和沈艺峰，2002）、约束管理层行为（吴育辉和吴世农，2010）等方面，并没有发挥积极的治理作用（罗进辉，2014）。

综上所述，独立董事在公司治理中是否具有积极作用，具有何种作用，目前学者们已经从不同的角度进行了研究，但尚未取得一致的结论。本章考虑，以上存在争议的结论，可能是由于以往的学者们忽视了独立董事的行为，特别是对于存在兼职现象的独立董事，他们对于不同公司的勤勉程度不同，付出的精力和时间不同，因此在不同公司中所起到的治理作用也就不同。本章试图从这一独特视角出发，深入研究兼职独立董事对于所任职上市公司的行为特征。

二、研究假设

法马和延森（Fama and Jensen, 1983）指出，声誉对于独立董事有激励作用。独立董事通过积极监督管理层，发挥自身作用，以保持和加强在劳动力市场上的声誉，从而使自身的人力资本最大化，进而在未来的劳动市场上获取更多的独立董事兼职。在实际操作中，由于大公司可以使独立董事获得更多的关注、更高的声望（Adams and Ferreira, 2008）和更多的独立董事兼职（Fich, 2005），因此公司规模被认为是公司声誉的天然代理变量。

本章分析，声誉理论可以从三个方面影响独立董事对时间和精力的分配。第一，公司的规模越大、名望和声誉越高（Fama and Jensen, 1983）兼职独立董事也会获得较高的声誉，因此他们会对该公司分配更多的时间和精力，投入更高的关注度，表现得更为勤勉和称职。因为规模高的大公司给予独立董事更多的曝光率，保持在大公司的独立董事席位，有助于独立董事在劳动力市场上赢得声誉，也有助于其未来找寻到更好的职业机会（Knyazeva et al., 2013）。第二，当公司的声誉变差时，独立董事在劳动力市场上的声誉会受到损害，其未来的职业发展也可能受到影响，在这种情况下，独立董事倾向于投入较少的时间和精力，甚至辞去独立董事职位，以避免自身的声誉收到牵连。例如，当独立董事发现公司即将披露坏消息或者业绩变差时，更加倾向于辞去在该公司的独立董事职位（Fahlenbrach et al., 2010）。此外，刘浩等（2014）

的研究也证实，担任过 ST 公司的独立董事，未来获得的独立董事兼职数量会减少，并且如果公司未能成功摆脱 ST，其兼任独立董事职位减少更多。第三，公司声誉可以降低独立董事的监督风险。对于更高声誉的公司，其盈余管理程度更低、债务违约的可能性更小、遭遇股东集体诉讼的概率更低、削减股息的可能性也更低，独立董事更有动力监督管理层的公司决策（Masulis and Mobbs，2014）。综上所述，可以推断，在同时拥有多个独立董事职位的情况下（兼职），相对规模较大的公司会为独立董事带来更为正面的社会影响，同时独立董事对于这类公司更有监督的动机。因此，兼职独立董事倾向于分配更多的时间和精力给相对规模较大的公司，表现得更为勤勉，而对于相对规模较小的公司，独立董事则投入较少的关注，即投入的时间和精力有限。

假设 3-1：在兼职独立董事任职的数家公司中，如果公司的相对规模越高，独立董事越勤勉（声誉理论）。

委托代理理论认为，所有权和经营权分离会使所有者和代理人之间产生利益冲突，为了使代理人与所有者的利益趋于一致，可以通过制定薪酬契约的方式来降低代理成本，保护投资者利益，有效约束代理人的懈怠行为（Murphy，1985）。在公司中，独立董事一方面在公司治理中扮演着监督者和咨询者的身份；另一方面也是股东的代理人，这使得独立董事与股东之间也会产生代理问题。对于兼职独立董事来说，不同公司支付给其的薪酬不同，那么与不同公司签订的薪酬契约为独立董事带来的效用和激励程度也会不同，如果兼职独立董事获得的薪酬较高，可能会投入较高的时间和精力参与公司治理活动，即对该公司投入较高的关注度；反之，兼职独立董事则可能分配较少的时间和精力，投入较低的关注度。以往的文献认为，薪酬为独立董事履行职责提供了动机，利用美国上市公司的面板数据，亚当斯和费雷拉（Adams and Ferreira，2008）考察了薪酬对于独立董事履职的影响。他们发现，尽管董事会会议费的金额（约 1000 美元每次）很少，但是董事会会议费越高，独立董事越愿意参加董事会会议。

因此，本章考虑，对于在多家上市公司兼职的独立董事来说，在兼职的独立董事席位中，支付薪酬较高的公司可能会强化独立董事监督公司的动机，从而获得独立董事更多的关注，进而分配更多的时间和精力。

假设 3 - 2：在兼职独立董事任职的数家公司中，如果公司支付的相对薪酬越高，独立董事越勤勉（薪酬理论）。

经营权和所有权的分离是现代企业的显著特征，两权分离也导致了严重的信息不透明问题。由于管理层与股东之间的利益不一致，可能导致管理层滥用职权，损害股东利益的行为。独立董事的介入，可以降低管理层机会主义行为的概率（Fama，1980）。基于 2004～2007 年我国上市公司数据，高敬忠和周晓苏（2009）研究发现，独立董事有利于降低企业的信息不透明，具体来看，独立董事的比例越高，管理层盈余预告越精确。对于信息不透明的公司，独立董事对于盈余预测的治理机制越强。

此外，独立董事参与努力程度与公司信息透明度之间存在交互影响。一方面，独立董事参会比例，反映着独立董事的努力程度。独立董事参会比例的提高，有利于抑制管理层的掏空动机，有利于提高公司的透明度（Liu et al.，2014），从而实现投资者的保护；另一方面，公司信息透明程度也显著影响着独立董事的监督与参与。更具体地，当公司的透明度不高时，独立董事就更有动力监督管理层（Armstrong et al.，2014），使公司的透明度提高。

因此，对于兼职独立董事而言，由于外部劳动市场的制约，对于信息不透明程度较高的公司，独立董事面临的声誉损失越大，失去未来独立董事席位的可能性也越高。对于这种企业，独立董事更有动力积极发挥监督职能，约束管理层的机会主义行为，来缓冲企业信息不透明对自己可能带来的负面影响。

假设 3 - 3：在其他条件不变的情况下，信息不透明程度越高，独立董事高关注度与独立董事勤勉度之间的负相关关系越强，而独立董事低关注度与独立董事勤勉度之间的正相关关系减弱。

第三节　研究设计

一、样本选择与数据来源

本章选取 2009～2014 年度中国沪、深两市 A 股上市公司兼职独立董事数据为研究样本，并按以下规则对样本进行了筛选：一是删除了信息披露不全、控制变量缺失的观察值；二是删除了金融行业样本；三是删除了 ST、*ST 的公司，最后共得到 17107 个公司年观测值。研究中所使用的数据主要全部来于 CSMAR 数据库，其中，独立董事数据来自公司治理数据库。本章中的数据处理、实证检验全部使用 Stata 统计软件进行处理。

二、变量定义及模型构建

（一）被解释变量

出席会议与否能直接反映独立董事的时间和精力分配情况，本章以独立董事勤勉度（ATTEN）来度量独立董事时间和精力分配的情况，如果独立董事当年缺席过董事会会议，赋值为 1，否则为 0。

（二）解释变量

（1）独立董事关注度。

如果兼职独立董事对于任职上市公司存在区别对待现象，那么他对于不同公司的关注程度会有所不同，即对于有些公司高度关注，而对于另一些公司则关注程度较低。根据前文理论分析，兼职独立董事对上市公司的关注度主要受声誉和薪酬影响，本章借鉴马苏利斯和莫布斯（Masulis and Mobbs，2014）的度量方法，主要使用上市公司市场价值和

43

独立董事薪酬分别作为声誉和薪酬的替代变量，并以此为基础衡量独立董事的关注度。

①高关注度（HRD）。本章使用 HRD1 和 HRD2 来分别度量基于声誉理论的高关注度和基于薪酬理论的高关注度。对于一个独立董事，假设声誉理论会影响其关注度，那么，在其同一年兼职的数家公司中，如果某一公司的市值比市值最低的公司大 10%，则令 HRD1 为 1，表明独立董事给予较高关注，否则为 0。类似的，对于一个独立董事，假设薪酬理论会影响其关注度，那么，在其同一年兼职的数家公司中，如果某一公司支付的薪酬比薪酬最低的公司大 10%，则令 HRD2 为 1，表明独立董事给予较高关注，否则为 0。

②低关注度（LRD）。本章使用 LRD1 和 LRD2 来分别度量基于声誉理论的低关注度和基于薪酬理论的低关注度。对于一个独立董事，在兼职的数家公司中，如果某一公司的市值比市值最高的公司低 10%，则令 LRD1 为 1，表明独立董事给予较低关注，否则为 0。类似的，对于一个独立董事，在兼职的数家公司中，如果某一公司支付的薪酬比薪酬最高的公司低 10%，则令 LRD2 为 1，表明独立董事给予较低关注，否则为 0。

（2）信息不透明度（OPAC）。

根据金等（Kim et al.，2015）的研究，本章以修正截面琼斯（Jones）模型为基础，计算信息不透明变量。计算方法如下：

首先，根据公式（3-1），使用截面数据分行业分年度进行回归，提取行业特征参数 γ_1、γ_2、γ_3。

$$TA_{i,t} = \gamma_1 \left(\frac{1}{A_{i,t-1}} \right) + \gamma_2 (\Delta REV_{i,t}) + \gamma_3 (PPE_{i,t}) + \varepsilon_{i,t} \qquad (3-1)$$

其中，$TA_{i,t}$ 是公司 i 在第 t 年的总应计，是营业利润与经营现金流量的差额；$A_{i,t}$ 表示公司 i 在第 t 年的总资产；$\Delta REV_{i,t}$ 表示公司 i 第 t 年营业收入减去第 $t-1$ 年营业收入；$PPE_{i,t}$ 表示公司 i 在第 t 年的固定资产；$\varepsilon_{i,t}$ 为残差。

其次，将提取的行业特征参数 γ_1、γ_2、γ_3 代入公式（3-2），计算

每个公司每年的非操控性应计 $NDA_{i,t}$。

$$NDA_{i,t} = \gamma_1 \left(\frac{1}{A_{i,t-1}} \right) + \gamma_2 (\Delta REV_{i,t} - \Delta REC_{i,t}) + \gamma_3 (PPE_{i,t}) + \varepsilon_{i,t}$$

$$(3-2)$$

其中，$NDA_{i,t}$表示公司 i 在第 t 年的非操控性应计。$\Delta REC_{i,t}$表示公司 i 在第 t 年的应收账款与 $t-1$ 年的应收账款之差。

再次，计算每个公司每年的操控性应计。

$$DA_{i,t} = TA_{i,t} - NDA_{i,t} \qquad (3-3)$$

最后，使用前 3 年的操控性应计的绝对值之和，滚动计算每个公司每年的信息不透明度。

$$OPAC_{i,t} = Abs(DA_{i,t-1}) + Abs(DA_{i,t-2}) + Abs(DA_{i,t-3}) \qquad (3-4)$$

其中，$OPAC$ 为信息不透明度变量，值越大表明公司的信息越不透明，$Abs(.)$ 表示取绝对值。

（三）控制变量

根据以往文献，本章将董事会规模（BS）、独立董事兼职家数（NOD）、会议次数（NBM）、任职年限（BT）、独立董事年龄（DA）、公司规模（MV）、性别（GD）、总资产收益率（ROA）、托宾 Q（Tobinq）、年份和行业等相关控制变量纳入研究模型，具体参见表 3-1。

表 3-1　　　　　　　　　　　变量定义一览

变量	变量描述	变量定义
ATTEN	独立董事勤勉度	哑变量，如果独立董事当年缺席过会议，赋值为 1，否则为 0
HRD	高关注度	使用 HRD1 和 HRD2 来分别度量基于声誉理论的高关注度和基于薪酬理论的高关注度。对于一个独立董事，假设声誉理论会影响其关注度，那么，在其同一年兼职的数家公司中，如果某一公司的市值比市值最低的公司大 10%，则令 HRD1 为 1，表明独立董事给予较高关注，否则为 0。类似的，对于一个独立董事，假设薪酬理论会影响其关注度，那么，在其同一年兼职的数家公司中，如果某一公司支付的薪酬比薪酬最低的公司大 10%，则令 HRD2 为 1，表明独立董事给予较高关注，否则为 0

续表

变量	变量描述	变量定义
LRD	低关注度	使用 LRD1 和 LRD2 来分别度量基于声誉理论的低关注度和基于薪酬理论的低关注度。对于一个独立董事，在兼职的数家公司中，如果某一公司的市值比市值最高的公司低 10%，则令 LRD1 为 1，表明独立董事给予较低关注，否则为 0。类似的，对于一个独立董事，在兼职的数家公司中，如果某一公司支付的薪酬比薪酬最高的公司低 10%，则令 LRD2 为 1，表明独立董事给予较低关注，否则为 0
OPAC	信息不透明度	修正截面 Jones 模型计算。值越大表明公司的信息越不透明
BS	董事会规模	年末董事会成员人数
NOD	兼职家数	一个独立董事兼职的上市公司数量
NBM	会议次数	年度董事会会议次数
BT	任职年限	独立董事在董事会的任职年限
AGE	年龄	Ln（1 + 独立董事年龄）
GD	性别	如果独立董事为男性，赋值为 1，女性赋值为 0
MV	公司规模	当年年末的权益市场价值取自然对数
ROA	总资产收益率	净利润/总资产的平均数
Tobinq	托宾 Q	（负债的账面价值 + 权益的市场价值)/总资产

三、模型构建

根据前文的理论分析，本章构建如下模型对各研究假设进行检验：

第一，为了检验假设 1，本章构建如下回归模型：

$$Prob(ATTEN) = \beta_0 + \beta_1 HRD1 + \beta_2 LRD1 + \sum_j \beta_j ControlVariables + \varepsilon$$

（3 - 5）

模型（3 - 5）为 Logistic 模型，其中，因变量为 $ATTEN$，研究变量为 $HRD1$ 和 $LRD1$，$ControlVariables$ 为控制变量。该模型的对照组为在独立董事兼职的数家公司中，规模处于中间水平的公司，即中关注度组。

此处主要考察系数 β_1 和 β_2，如果 β_1 显著为负，表明在独立董事兼职的数家公司中，公司的相对规模越高，独立董事关注度越高，独立董事也就越勤勉，如果系数不显著，则表明独立董事对于规模水平较高和规模水平中等的公司在关注度上没有差别，即独立董事一视同仁；如果 β_2 显著为正，表明在独立董事兼职的数家公司中，公司的相对规模越低，独立董事关注度越低，独立董事也就越懒惰，如果系数不显著，则表明独立董事对于规模水平较低和规模水平中等的公司在关注度上没有差别，即独立董事一视同仁。

第二，为了检验假设 2，本章构建如下回归模型：

$$Prob(ATTEN) = \beta_0 + \beta_1 HRD2 + \beta_2 LRD2 + \sum_j \beta_j ControlVariables + \varepsilon$$

$$(3-6)$$

模型（3-6）为 Logistic 模型，其中，因变量为 ATTEN，研究变量为 HRD2 和 LRD2，ControlVariables 为控制变量。该模型的对照组为在独立董事兼职的数家公司中，支付薪酬水平处于中间的公司，即中关注度组。此处主要考察系数 β_1 和 β_2，如果 β_1 显著为负，表明在独立董事兼职的数家公司中，公司支付的相对薪酬越高，独立董事关注度越高，独立董事也就越勤勉，如果系数不显著，则表明独立董事对于薪酬水平较高和薪酬水平中等的公司在关注度上没有差别，即独立董事一视同仁；如果 β_2 显著为正，表明在独立董事兼职的数家公司中，公司支付的相对薪酬越低，独立董事关注度越低，独立董事也就越懒惰，如果系数不显著，则表明独立董事对于薪酬水平较低和薪酬水平中等的公司在关注度上没有差别，即独立董事一视同仁。

第三，为了检验假设 3，本章构建如下模型：

$$Prob(ATTEN) = \beta_0 + \beta_1 HRD + \beta_2 LRD + \beta_3 OPACITY$$
$$+ \beta_4 HRD \times OPACITY + \beta_5 LRD \times OPACITY$$
$$+ \sum_j \beta_j ControlVariables + \varepsilon \qquad (3-7)$$

模型（3-7）为 Logistic 模型，此处主要考察系数 β_4 和 β_5，如果 β_4

显著为负，表明对于高关注度组，如果公司信息不透明程度越高，独立董事的关注度与勤勉度的负相关关系会增强；如果 β_5 显著为负，表明对于低关注度组，如果公司信息不透明程度越高，独立董事的关注度与勤勉度之间的正相关关系会减弱。

第四节　实证结果分析

一、描述性统计与相关性分析

表 3 - 2 是分年度独立董事兼职公司数的统计结果。可以看出 2009 ~ 2014 年间，兼职独立董事最少在 2 家上市公司任职，最多在 10 家上市公司任职，平均任职家数为 2.59 家。表 3 - 3 描述了独立董事的个人特征，其中，独立董事的学历中，本科占 25.44%，硕士占 30.01%，博士占 42.04%，中专、大专的比重较低，共占 2.51%。可以看出，独立董事普遍具有良好的教育背景，文化水平较高。从年龄分布来看，独立董事的年龄主要集中在 41 ~ 60 岁这一年龄段，占总人数的 72.20%，其次是 61 ~ 70 岁这一区间，占 19.27%，71 岁以上和 40 岁以下比例较少，说明独立董事主要以壮年为主。从性别上看，上市公司独立董事以男性为主，占 86.45%，女性独立董事仅占 13.55%。表 3 - 4 是变量的描述性统计结果，独立董事的缺席次数平均为 0.19 次，董事会规模平均为 9.22 人，公司平均独立董事人数为 3.92 人，平均董事会会议为 8.17 次，平均独立董事任职年限为 4.57 年，此外，为了避免极端值的影响，本章对连续变量进行了 1% 的缩尾（winsorize）处理。

表 3-2　　　　　　分年度独立董事兼职公司数描述统计　　　　　单位：家

年份	均值	最小值	1/4 分位数	中位数	3/4 分位数	最大值
2009	2.588	2	2	2	3	7
2010	2.681	2	2	2	3	7
2011	2.710	2	2	2	3	9
2012	2.643	2	2	2	3	9
2013	2.641	2	2	2	3	10
2014	2.293	2	2	2	2	5

表 3-3　　　　　　独立董事个人特征描述性统计　　　　　单位：人

性别	学历					
	中专及以下	大专	本科	硕士	博士	—
男性	2	177	1823	2076	3189	
女性	0	32	325	458	362	

性别	年龄					
	30 岁及以下	31～40 岁	41～50 岁	51～60 岁	61～70 岁	71 岁及以上
男性	0	780	5945	4519	3012	533
女性	0	122	1082	806	284	24

表 3-4　　　　　　　　　　描述性统计

变量名	均值	最小值	最大值	中位数	标准差	样本量
ATTEN	0.190	0	1	0	0.392	17107
HRD1	0.576	0	1	1	0.494	17107
LRD1	0.592	0	1	1	0.491	17107
HRD2	0.549	0	1	1	0.498	17107
LRD2	0.539	0	1	1	0.498	17107
OPAC	0.237	0.005	4.598	0.191	0.204	17101
BS	9.215	4	18	9	1.860	17107
NOD	3.924	1	12	4	1.254	17107

续表

变量名	均值	最小值	最大值	中位数	标准差	样本量
NBM	8.168	1	21	8	3.754	17107
BT	4.586	0	12	5	1.820	17107
AGE	3.960	3.466	4.382	3.932	0.167	17107
GD	0.865	0	1	1	0.342	17107
MV	22.563	20.315	25.99	22.382	1.158	17107
ROA	0.041	-0.183	0.211	0.038	0.055	17107
TOBINQ	1.942	0.638	8.944	1.539	1.280	17107

注：ATTEN 为独立董事勤勉度，HRD1 为基于声誉理论的高关注度，LRD1 为基于声誉理论的低关注度，HRD2 为基于薪酬理论的高关注度，LRD2 为基于薪酬理论的低关注度，OPAC 为信息不透明度，BS 为董事会规模，NOD 为兼职家数，NBM 为会议次数，BT 为任职年限，AGE 为年龄，GD 为性别，MV 为公司规模，ROA 为总资产收益率，TOBINQ 为托宾 Q。

此外，本章对主要变量进行了 Pearson 相关性分析，表 3-3 列示了这一结果。结果显示高关注度（HRD1）与勤勉度（ATTEN）在 1% 的水平上显著负相关，低关注度（LRD1）与勤勉度（ATTEN）在 5% 的水平上显著正相关，与假设 1 相一致。但是高关注度（HRD2）和低关注度（LRD2）与勤勉度（ATTEN）的相关系数不显著，与假设 2 不一致，相关性分析初步证明，独立董事关注度主要受声誉理论的影响，薪酬理论不是关注度的主要影响因素。相关系数值均低于 0.5，表明各变量之间不存在严重的共线性问题。

二、回归结果分析

（一）独立董事关注度检验：声誉驱动 V.S. 薪酬驱动

表 3-5 是假设 3-1 和假设 3-2 的多元回归结果，其中，列（1）、（3）、（5）是主要变量的回归结果，列（2）、（4）、（6）是加入独立董事层面控制变量的回归结果。列（1）、（2）是以声誉为基础构造的独立董事关注度（HD1）与勤勉度的回归结果，可以看出，基于声誉理论的高关

注度变量（HRD1）的系数虽然为负（分别为 -0.009 和 -0.006），但不显著（Z 值分别为 -0.26 和 -0.19），这表明，在一个独立董事任职的数家公司中，对于相对规模较大的公司和中等规模的公司，独立董事的关注程度没有差别，也就是说，对于相对规模较大的公司，独立董事没有投入更多的时间和精力去出席会议，而是与规模中等的公司在勤勉度上没有差别。而基于声誉理论的低关注度变量（LRD1）的系数为正（分别为 0.073 和 0.086），且分别在 5%、1% 的水平上显著。表明在一个独立董事任职的数家公司中，公司的相对规模越低，独立董事的关注度越低，其出席会议的意愿也较低，即分配给该公司的时间和精力越少。独立董事关注度的分配受声誉理论的影响。假设 3 - 1 得到验证。

表 3 - 5 　独立董事关注度驱动因素多元回归结果：声誉驱动 V. S. 薪酬驱动

变量名	声誉		薪酬		声誉和薪酬	
	（1）	（2）	（3）	（4）	（5）	（6）
HRD1	-0.009 (-0.26)	-0.006 (-0.19)			-0.014 (-0.42)	-0.007 (-0.20)
LRD1	0.073** (2.32)	0.086*** (2.70)			0.079** (2.44)	0.087*** (2.64)
HRD2			0.040 (1.42)	0.009 (0.32)	0.035 (1.22)	0.002 (0.09)
LRD2			-0.018 (-0.63)	0.016 (0.57)	-0.035 (-1.20)	-0.003 (-0.09)
BS		0.028** (2.11)		0.027** (2.02)		0.028** (2.11)
NOD		0.097*** (2.76)		0.099*** (2.80)		0.097*** (2.76)
NBM		0.036*** (8.84)		0.036*** (8.69)		0.036*** (8.65)

续表

变量名	声誉		薪酬		声誉和薪酬	
	(1)	(2)	(3)	(4)	(5)	(6)
BT		0.024 *** (2.94)		0.024 *** (2.96)		0.024 *** (2.92)
AGE		-0.142 * (-1.66)		-0.123 (-1.45)		-0.141 * (-1.66)
GD		0.019 (0.47)		0.024 (0.58)		0.019 (0.48)
MV	0.111 *** (6.18)	0.056 *** (2.99)	0.092 *** (5.68)	0.038 ** (2.28)	0.11 *** (6.12)	0.056 *** (2.99)
ROA	-1.039 *** (-3.78)	-0.825 *** (-3.04)	-1.068 *** (-3.87)	-0.833 *** (-3.06)	-1.059 *** (-3.85)	-0.827 *** (-3.05)
TOBINQ	0.032 *** (2.67)	0.04 *** (3.38)	0.033 *** (2.69)	0.04 *** (3.37)	0.033 *** (2.70)	0.041 *** (3.38)
_cons	-3.159 *** (-7.57)	-2.471 *** (-4.96)	-2.713 *** (-7.14)	-2.111 *** (-4.48)	-3.134 *** (-7.50)	-2.47 *** (-4.95)
行业及年份	控制	控制	控制	控制	控制	控制
样本量	17107	17107	17107	17107	17107	17107
Pseudo R^2	0.017	0.032	0.017	0.031	0.018	0.032

注：列（1）、（2）是基于模型（3-5）的 Logistic 回归结果，列（3）、（4）是基于模型（3-6）的 Logistic 回归结果，列（5）、（6）是将薪酬变量和声誉变量共同纳入回归模型的 Logistic 回归结果。括号中为经过 Cluster 调整的 Z 值；*、**、*** 分别表示双尾显著性水平为 10%、5%、1%。因变量（ATTEN）为独立董事勤勉度，HRD1 为基于声誉理论的高关注度，LRD1 为基于声誉理论的低关注度，HRD2 为基于薪酬理论的高关注度，LRD2 为基于薪酬理论的低关注度，BS 为董事会规模，NOD 为兼职家数，NBM 为会议次数，BT 为任职年限，AGE 为年龄，GD 为性别，MV 为公司规模，ROA 为总资产收益率，TOBINQ 为托宾 Q，_cons 为常数项。

　　列（3）和列（4）是以薪酬为基础构造的独立董事关注度与勤勉度的回归结果，基于薪酬的高关注度变量（HRD2）和低关注度变量（LRD2）的回归系数均不显著，说明以薪酬划分的独立董事关注度与勤勉度不存在显著关系，这表明，在一个独立董事任职的数家公司中，兼职独立董事是否向某一上市公司投入较多的时间和精力，与该公司支付给其的薪酬高低无关，即独立董事关注度的分配不受公司支付薪酬大小的影响。回归结果不支持假设 3 - 2。

此外，本章还将以声誉理论为基础构造的独立董事关注度变量（HRD1、LRD1）和以薪酬理论为基础构造的独立董事关注度变量（HRD2、LRD2）同时放入模型中进行检验，列（5）和列（6）报告了这一结果。研究结果与前面类似，在控制了薪酬的影响后，声誉理论对于独立董事的行为仍存在显著影响，即独立董事对于相对规模较小的公司，给予较少的关注，勤勉度也不高，对于相对规模中等和相对规模较大的公司，给予较多的关注，出席会议的意愿较明显，相应地分配的时间和精力也更多。综上所述，独立董事在进行关注度分配决策时，主要受到声誉理论的激励和制约，公司支付薪酬的高低并不是独立董事关注度的决定因素。

从控制变量的回归结果来看，董事会规模（BS）越大，独立董事兼职上市公司数（NOD）越多，董事会会议次数（NBM）越多，独立董事任职期限（BT）越长，年纪（AGE）越小，越倾向于缺席董事会会议，分配的精力和时间越少，控制变量的回归结果基本与前人的研究一致。

（二）独立董事关注度的进一步检验：兼职独立董事个人特征

前面的研究表明，声誉理论是影响独立董事关注度的决定性因素，此处，本章将引入独立董事的性别、年龄[①]、教育背景等个人特征，并进行分组回归，以深入考察兼职独立董事的个人特征是否会对独立董事的关注度和勤勉度产生影响。

表 3 - 6 中，列（1）和列（2）是按性别分组的回归结果，LRD1的系数（0.072 和 0.151）分别在 5% 和 10% 的水平上显著为正（Z 值分别为 2.07 和 1.71），表明不论是男性独立董事还是女性独立董事，对

[①]　如果某一独立董事的年龄高于平均年龄，则为高年龄组，反之为低年龄组。如果独立董事的学历为硕士和博士，则为高学历组，反之为低学历组。

于相对规模较小的公司，均给予较低的关注，出席会议的意愿也较低，对于相对规模中等和相对规模较大的公司，则倾向于给予较高的关注，出席会议的意愿也较高。其中，相对于男性独立董事，女性独立董事对于低规模的公司投入的关注较少。列（3）和列（4）是按年龄分组的回归结果，LRD1 在低年龄组的系数显著为正，表明相对于高年龄组的独立董事来说，低年龄组的独立董事更看中公司的声誉，规模越低，出席会议的比例越低，投入和分配的时间也越少，高年龄组的独立董事对于规模大小不同的公司则一视同仁。列（5）和列（6）是按学历分组的回归结果，同前面的回归结果类似，相对于高学历的独立董事来说，低学历的独立董事倾向于对低规模的公司给予较少的关注，分配较少的时间和精力，高学历组的独立董事对于规模大小不同的公司则一视同仁。综上所述，声誉理论对于女性、年轻和低学历的独立董事影响高于男性、年长和高学历的独立董事，对于低规模的公司，女性、年轻和低学历的独立董事出席会议的次数较少，分配的精力和时间也较少①。

表3-6　　　独立董事个人特征、关注度与勤勉度的多元回归结果分析

变量名	按性别分组		按年龄分组		按学历分组	
	（1）男性	（2）女性	（3）高年龄组	（4）低年龄组	（5）高学历组	（6）低学历组
HRD1	-0.02 (-0.55)	0.079 (0.86)	-0.056 (-1.10)	0.030 (0.69)	0.009 (0.16)	0.113 (1.13)
LRD1	0.072** (2.07)	0.151* (1.71)	0.067 (1.36)	0.096** (2.25)	0.023 (0.44)	0.31*** (3.25)
BS	0.019 (1.43)	0.098*** (2.92)	0.027 (1.54)	0.029* (1.71)	0.05** (2.48)	0.072** (2.14)

① 本文也根据独立董事的性别、年龄和学历等个人特征进行分组，对以薪酬理论为基础构建的回归模型进行了多元回归，结果依然不显著，具体见稳健性检验。

续表

变量名	按性别分组		按年龄分组		按学历分组	
	（1）男性	（2）女性	（3）高年龄组	（4）低年龄组	（5）高学历组	（6）低学历组
NOD	0.099 *** (2.70)	0.064 (0.75)	0.068 (1.56)	0.122 *** (2.64)	0.076 (1.37)	−0.026 (−0.28)
NBM	0.036 *** (8.20)	0.04 *** (4.25)	0.035 *** (5.93)	0.037 *** (7.72)	0.037 *** (5.59)	0.027 ** (2.39)
BT	0.022 ** (2.57)	0.038 * (1.66)	0.014 (1.19)	0.033 *** (3.13)	0.022 (1.51)	0.031 (1.03)
AGE	−0.153 * (−1.69)	−0.032 (−0.14)			−0.166 (−0.97)	0.186 (0.86)
GD			−0.016 (−0.26)	0.044 (0.83)	0.015 (0.22)	0.073 (0.70)
MV	0.065 *** (3.35)	−0.031 (−0.67)	0.075 *** (3.01)	0.038 (1.57)	0.066 ** (2.29)	0.113 ** (2.09)
ROA	−0.717 ** (−2.55)	−1.474 ** (−2.18)	−0.641 (−1.62)	−1.007 *** (−3.04)	−0.856 * (−1.83)	−0.175 (−0.23)
TOBINQ	0.045 *** (3.70)	0.009 (0.30)	0.023 (1.30)	0.051 *** (3.53)	0.037 * (1.85)	0.025 (0.78)
_cons	−2.508 *** (−4.90)	−1.753 (−1.32)	−1.789 * (−1.68)	−2.083 ** (−2.34)	−2.424 *** (−2.77)	−5.569 *** (−4.36)
行业及年份	控制	控制	控制	控制	控制	控制
样本量	14789	2318	7319	9788	6085	2359
Pseudo R^2	0.031	0.054	0.034	0.033	0.045	0.041

注：列（1）、（2）是按性别分组的 Logistic 回归结果，列（3）、（4）是按年龄分组的 Logistic 回归结果，列（5）、（6）是按学历分组的 Logistic 回归结果。括号中为经过 Cluster 调整的 Z 值；*、**、*** 分别表示双尾显著性水平为 10%、5%、1%。因变量（ATTEN）为独立董事勤勉度，HRD1 为基于声誉理论的高关注度，LRD1 为基于声誉理论的低关注度，BS 为董事会规模，NOD 为兼职家数，NBM 为会议次数，BT 为任职年限，AGE 为年龄，GD 为性别，MV 为公司规模，ROA 为总资产收益率，TOBINQ 为托宾 Q，_cons 为常数项。

（三） 信息不透明、独立董事关注度与独立董事勤勉度

表 3 - 7 是信息不透明、独立董事关注度与独立董事勤勉度的回归结果。PanelA 报告了信息不透明度与基于声誉理论的关注度对于独立董事勤勉度的交互影响回归结果。结果显示，$LRD1 \times OPAC$ 为 - 0.861，5% 的水平上显著为负，表明在信息不透明度较高的公司中，独立董事关注度与勤勉度的正相关关系会减弱。说明在独立董事任职的数家公司中，对于原本关注度较低的公司，随着信息不透明程度的增高，独立董事会提高对于该公司的关注程度，进而增加出席率。$HRD1 \times OPAC$ 为负，但不显著，表明对于独立董事关注度较高的公司和关注度中等的公司，由于独立董事原本对于这两类公司的关注度就比较高，会议出席率也比较高，因此信息不透明度的作用不明显。PanelB 报告了信息不透明度与基于薪酬的关注度对于独立董事勤勉度的交互影响回归结果。交乘项 $HRD2 \times OPAC$ 与 $LRD2 \times OPAC$ 的系数均不显著，再次表明薪酬理论不是影响独立董事勤勉度的主要因素。为了保证结果的稳健性，本章将基于声誉理论和基于薪酬理论构建的关注度变量放入同一模型进行回归，PanelC 报告了这一结果，与前面的结果类似，$LRD1 \times OPAC$ 的系数在 1% 的水平上显著为负，表明在信息不透明程度较高的公司中，低关注度（基于声誉理论）与勤勉度的正相关关系减弱，但对于高关注度（基于声誉理论）的公司作用不明显，此外信息不透明度也不会通过薪酬理论对独立董事的行为产生影响。回归结果与假设 3 - 3 一致。

表 3 - 7　　　信息不透明、独立董事关注度与独立董事勤勉度

变量名	Panel A 声誉		Panel B 薪酬		Panel C 声誉和薪酬	
	系数	Z 值	系数	Z 值	系数	Z 值
$HRD1$	- 0.090	- 0.19			- 0.017	- 0.30
$HRD1 \times OPAC$	- 0.063	- 0.40			- 0.030	- 0.17
$LRD1$	0.138 ***	3.30			0.158 ***	3.68
$LRD1 \times OPAC$	- 0.861 **	- 2.00			- 1.175 ***	- 2.63

续表

变量名	Panel A 声誉		Panel B 薪酬		Panel C 声誉和薪酬	
	系数	Z 值	系数	Z 值	系数	Z 值
HRD2			0.065	1.55	0.061	1.37
HRD2 × OPAC			− 0.061	− 0.33	− 0.044	− 0.28
LRD2			− 0.007	− 0.16	− 0.021	− 0.49
LRD2 × OPAC			0.070	0.70	0.051	0.48
OPAC	− 0.081	− 0.52	0.056	0.49	0.025	0.17
BS	0.032 **	2.11	0.031 **	2.09	0.032 **	2.14
NOD	0.102 **	2.54	0.102 **	2.54	0.101 **	2.53
NBM	0.037 ***	8.05	0.037 ***	7.90	0.037 ***	7.88
BT	0.020 **	2.25	0.020 **	2.29	0.020 **	2.25
AGE	− 0.229 **	− 2.34	− 0.207 **	− 2.11	− 0.229 **	− 2.33
GD	0.016	0.36	0.021	0.46	0.016	0.34
MV	0.017	0.74	− 0.003	− 0.14	0.017	0.74
ROA	− 0.416	− 1.37	− 0.448	− 1.47	− 0.424	− 1.4
TOBINQ	0.024 *	1.78	0.023 *	1.72	0.022 *	1.65
_cons	− 1.109 *	− 1.79	− 0.744	− 1.26	− 1.118 *	− 1.8
行业及年份	控制	控制	控制	控制	控制	控制
样本量	17107		17107		17107	
Pseudo R^2	0.030		0.030		0.031	

注：Panel A 是基于模型（3 - 7）的 Logistic 回归结果，主要考虑以声誉理论为基础构建的关注度指标。Panel B 是基于模型（3 - 7）的 Logistic 回归结果；Panel C 是基于模型（3 - 7）的 Logistic 回归结果，主要考虑以薪酬理论为基础构建的关注度指标，此回归同时考虑了以声誉理论和薪酬理论为基础构建的关注度指标。括号内为 Z 值，已经过 Cluster 调整；* 、** 、*** 分别表示双尾显著性水平为 10% 、5% 、1% 。因变量（ATTEN）为独立董事勤勉度，HRD1 为基于声誉理论的高关注度，LRD1 为基于声誉理论的低关注度，HRD2 为基于薪酬理论的高关注度，LRD2 为基于薪酬理论的低关注度，OPAC 为信息不透明度，BS 为董事会规模，NOD 为兼职家数，NBM 为会议次数，BT 为任职年限，AGE 为年龄，GD 为性别，MV 为公司规模，ROA 为总资产收益率，TOBINQ 为托宾 Q，_cons 为常数项。

第五节 稳健性检验

为了保证实证结果的可靠性，本节进行了一系列的稳健性检验：
（1）高关注度和低关注度的替代变量。本节使用 10% 作为高关注度和
低关注度划分标准，此处，本节将划分标准定为 20% 重新回归，原结果
依然稳健（见表 3 - 8）。（2）本节使用高关注度（薪酬）和低关注度
（薪酬），重新分组检验独立董事的性别、年龄、教育背景等个人特征对
于独立董事勤勉度的影响，回归结果均不显著，再次表明薪酬水平不是
影响独立董事精力和时间分配的主要因素（见表 3 - 9）。（3）控制独立
董事个体固定效应。通过控制独立董事个体固定效应，本章对原结果重
新检验，结果依然稳健（见表 3 - 10）。

表 3 - 8 划分标准为 20% 时的多元回归结果

变量名	声誉		薪酬		声誉和薪酬	
	（1）	（2）	（3）	（4）	（5）	（6）
HRD1	- 0. 006 (- 0. 19)	- 0. 007 (- 0. 22)			- 0. 014 (- 0. 42)	- 0. 005 (- 0. 16)
LRD1	0. 082 *** (2. 64)	0. 092 *** (2. 92)			0. 079 ** (2. 44)	0. 097 *** (3. 01)
HRD2			0. 029 (1. 04)	0. 001 - 0. 03	0. 035 (1. 22)	- 0. 005 (- 0. 18)
LRD2			- 0. 047 * (- 1. 70)	- 0. 002 (- 0. 09)	- 0. 035 (- 1. 20)	- 0. 023 (- 0. 78)
BS		0. 028 ** (2. 10)		0. 027 ** (2. 04)		0. 028 ** (2. 13)
NOD		0. 097 *** (2. 76)		0. 098 *** (2. 79)		0. 097 *** (2. 74)

续表

变量名	声誉		薪酬		声誉和薪酬	
	（1）	（2）	（3）	（4）	（5）	（6）
NBM		0.036 *** （8.85）		0.036 *** （8.62）		0.036 *** （8.56）
BT		0.024 *** （2.93）		0.024 *** （2.94）		0.024 *** （2.88）
AGE		− 0.144 * （− 1.70）		− 0.122 （− 1.44）		− 0.144 * （− 1.69）
GD		0.019 − 0.46		0.024 − 0.6		0.019 − 0.47
MV	0.112 *** （6.21）	0.057 *** （3.04）	0.092 *** （5.68）	0.038 ** （2.27）	0.112 *** （6.21）	0.058 *** （3.07）
ROA	− 1.04 *** （− 3.78）	− 0.827 *** （− 3.05）	− 1.073 *** （− 3.89）	− 0.837 *** （− 3.08）	− 1.066 *** （− 3.87）	− 0.835 *** （− 3.08）
TOBINQ	0.032 *** （2.67）	0.04 *** （3.38）	0.033 *** （2.73）	0.041 *** （3.38）	0.033 *** （2.75）	0.041 *** （3.40）
_cons	− 3.187 *** （− 7.61）	− 2.486 *** （− 4.99）	− 2.691 *** （− 7.12）	− 2.091 *** （− 4.46）	− 3.173 *** （− 7.59）	− 2.484 *** （− 4.99）
行业及年份	控制	控制	控制	控制	控制	控制
样本量	17107	17107	17107	17107	17107	17107
Pseudo R^2	0.017	0.032	0.017	0.031	0.018	0.032

注：列（1）、（2）是基于模型（3-5）的 Logistic 回归结果，列（3）、（4）是基于模型（3-6）的 Logistic 回归结果，列（5）、（6）是将薪酬变量和声誉变量共同纳入回归模型的 Logistic 回归结果。括号中为经过 Cluster 调整的 Z 值；*、**、*** 分别表示双尾显著性水平为10%、5%、1%。因变量（ATTEN）为独立董事勤勉度，高关注度变量（HRD1 和 HRD2）与低关注度变量（LRD1 和 LRD2）的划分标准为 20%，HRD1 为基于声誉理论的高关注度，LRD1 为基于声誉理论的低关注度，HRD2 为基于薪酬理论的高关注度，LRD2 为基于薪酬理论的低关注度，BS 为董事会规模，NOD 为兼职家数，NBM 为会议次数，BT 为任职年限，AGE 为年龄，GD 为性别，MV 为公司规模，ROA 为总资产收益率，TOBINQ 为托宾 Q，_cons 为常数项。

表 3 - 9   独立董事个人特征、关注度与勤勉度的多元回归结果（薪酬）

变量名	按性别分组		按年龄分组		按学历分组	
	（1）男性	（2）女性	（3）高年龄组	（4）低年龄组	（5）高学历组	（6）低学历组
HRD2	-0.006 (-0.21)	0.109 (1.39)	0.017 (0.42)	-0.004 (-0.11)	-0.017 (-0.37)	0.021 (0.26)
LRD2	0.003 (0.10)	0.044 (0.55)	0.017 (0.38)	0.002 (0.05)	-0.086 * (-1.79)	0.119 (1.51)
BS	0.018 (1.35)	0.097 *** (2.93)	0.025 (1.45)	0.028 * (1.65)	0.05 ** (2.51)	0.068 ** (2.04)
NOD	0.101 *** (2.74)	0.065 (0.76)	0.071 (1.63)	0.123 *** (2.65)	0.075 (1.36)	-0.018 (-0.19)
NBM	0.036 *** (8.06)	0.039 *** (4.06)	0.035 *** (5.79)	0.037 *** (7.57)	0.036 *** (5.31)	0.028 ** (2.45)
BT	0.023 *** (2.60)	0.036 -1.58	0.014 (1.19)	0.034 *** (3.18)	0.021 (1.43)	0.035 (1.15)
AGE	-0.136 (-1.50)	-0.019 (-0.08)			-0.158 (-0.93)	0.225 (1.05)
GD			-0.01 (-0.16)	0.05 (0.95)	0.019 (0.28)	0.081 (0.78)
MV	0.048 *** (2.77)	-0.05 (-1.24)	0.053 ** (2.42)	0.025 (1.15)	0.061 ** (2.31)	0.077 * (1.69)
ROA	-0.72 ** (-2.56)	-1.559 ** (-2.29)	-0.65 (-1.64)	-1.006 *** (-3.04)	-0.875 * (-1.87)	-0.161 (-0.21)
TOBINQ	0.045 *** (3.70)	0.008 -0.27	0.024 (1.36)	0.05 *** (3.51)	0.038 * (1.89)	0.024 (0.72)
_cons	-2.156 *** (-4.44)	-1.317 (-1.06)	-1.383 (-1.33)	-1.826 ** (-2.15)	-2.241 *** (-2.63)	-4.749 *** (-4.05)
行业及年份	控制	控制	控制	控制	控制	控制
样本量	14789	2318	7319	9788	6085	2359
Pseudo R^2	0.031	0.053	0.033	0.033	0.046	0.036

注：列（1）、（2）是按性别分组的 Logistic 回归结果，列（3）、（4）是按年龄分组的 Logistic 回归结果，列（5）、（6）是按学历分组的 Logistic 回归结果。括号中为经过 Cluster 调整的 Z 值；*、**、*** 分别表示双尾显著性水平为 10%、5%、1%。因变量（ATTEN）为独立董事勤勉度，HRD2 为基于薪酬理论的高关注度，LRD2 为基于薪酬理论的低关注度，BS 为董事会规模，NOD 为兼职家数，NBM 为会议次数，BT 为任职年限，AGE 为年龄，GD 为性别，MV 为公司规模，ROA 为总资产收益率，TOBINQ 为托宾 Q，_cons 为常数项。

表 3 – 10　　　　　控制独立董事个体固定效应后的回归结果

变量名	声誉		薪酬		声誉和薪酬	
	（1）	（2）	（3）	（4）	（5）	（6）
HRD1	-0.018 (-0.30)	-0.017 (-0.29)			-0.027 (-0.44)	-0.017 (-0.28)
LRD1	0.128** (2.31)	0.150*** (2.65)			0.141** (2.48)	0.153*** (2.64)
HRD2			0.069 (1.39)		0.061 (1.20)	0.005 (0.09)
LRD2			-0.039 (-0.79)		-0.069 (-1.35)	-0.013 (-0.26)
BS		0.046** (1.98)		0.044* (1.90)		0.046** (2.00)
NOD		0.17*** (2.74)		0.173*** (2.79)		0.17*** (2.73)
NBM		0.061*** (8.62)		0.061*** (8.46)		0.061*** (8.42)
BT		0.043*** (2.97)		0.043*** (2.97)		0.043*** (2.93)
AGE		-0.261* (-1.73)		-0.227 (-1.51)		-0.261* (-1.73)
GD		0.03 (0.42)		0.039 (0.54)		0.031 (0.43)
MV	0.194*** (6.19)	0.099*** (2.97)	0.16*** (5.66)	0.066** (2.24)	0.192*** (6.12)	0.099*** (2.97)
ROA	-1.83*** (-3.77)	-1.465*** (-3.04)	-1.889*** (-3.88)	-1.485*** (-3.08)	-1.868*** (-3.84)	-1.472*** (-3.05)
TOBINQ	0.056*** (2.68)	0.07*** (3.42)	0.056*** (2.70)	0.07*** (3.41)	0.056*** (2.71)	0.07*** (3.43)

续表

变量名	声誉		薪酬		声誉和薪酬	
	（1）	（2）	（3）	（4）	（5）	（6）
_cons	− 5. 442 *** （− 7. 47）	− 4. 16 *** （− 4. 72）	− 4. 641 *** （− 7. 00）	− 3. 507 *** （− 4. 21）	− 5. 393 *** （− 7. 39）	− 4. 154 *** （− 4. 71）
行业及年份	控制	控制	控制	控制	控制	控制
独立董事个体 固定效应	控制	控制	控制	控制	控制	控制
样本量	17107	17107	17107	17107	17107	17107
P	0. 000	0. 000	0. 000	0. 000	0. 000	0. 000

注：列（1）、（2）是基于模型（3 - 5）的 Logistic 回归结果，列（3）、（4）是基于模型（3 - 6）的 Logistic 回归结果，列（5）、（6）是将薪酬变量和声誉变量共同纳入回归模型的 Logistic 回归结果。括号中为经过 Cluster 调整的 Z 值；*、**、*** 分别表示双尾显著性水平为 10%、5%、1%。因变量（ATTEN）为独立董事勤勉度，高关注度变量（HRD1 和 HRD2）与低关注度变量（LRD1 和 LRD2）的划分标准为 20%，HRD1 为基于声誉理论的高关注度，LRD1 为基于声誉理论的低关注度，HRD2 为基于薪酬理论的高关注度，LRD2 为基于薪酬理论的低关注度，BS 为董事会规模，NOD 为兼职家数，NBM 为会议次数，BT 为任职年限，AGE 为年龄，GD 为性别，MV 为公司规模，ROA 为总资产收益率，TOBINQ 为托宾 Q，_cons 为常数项。

第六节　小　　结

一、结　论

独立董事制度设立的初衷就是为了完善公司治理机制，保护中小投资者的利益。如何激励独立董事投入更多的时间和精力，更好地为上市公司服务，保证工作的质量是值得深入研究的话题。通过考察 2009 ~ 2014 年 A 股上市公司的兼职独立董事样本，将兼职独立董事对上市公司的关注度分配决策进行了检验，并考察了其背后的影响机制，本章的主要结论如下：

第一，本章检验了声誉理论和薪酬理论对于独立董事勤勉程度的影响。研究发现，独立董事在进行时间和精力分配决策时，主要受到声誉理论的激励和制约，公司支付薪酬的高低并不是独立董事关注度的决定因素。更具体地，在兼职独立董事任职的数家公司中，对于相对规模较小的公司，独立董事出席会议的意愿较低，即独立董事的关注程度较低，投入的时间和精力较少；而对于高规模和中等规模的公司，独立董事出席会议的意愿较高，关注程度较高，投入的时间和精力也较多。而基于薪酬理论构建的关注度变量均与勤勉度不存在显著的相关关系。表明兼职独立董事对上市公司存在区别对待现象，并主要受公司声誉水平的影响，而与独立董事从上市公司获得的薪酬水平无关。

第二，本章考察了独立董事性别、年龄与学历等个人特征对于独立董事关注度的影响。具体来看，声誉理论对于女性、年轻和低学历的独立董事影响高于男性、年长和高学历的独立董事。即相对于高规模和中等规模的公司来说，对于低规模的公司，女性、年轻和低学历的独立董事出席会议的次数较少，分配的精力和时间也较少，区别对待上市公司的现象更为明显。

第三，本章也考察了企业信息环境对于独立董事关注度的影响。本章以信息不透明程度为企业信息环境的替代变量，研究发现，不透明度较高的低规模公司中，独立董事关注度与勤勉度的正相关关系会减弱。表明信息不透明程度会对独立董事的时间和精力分配决策产生影响，即在独立董事任职的数家公司中，对于关注度较低的公司，随着信息不透明程度的增高，独立董事会提高对于该公司的关注程度，进而增加出席率。

二、学术创新价值和现实应用价值

本章的学术创新主要体现在以下三个方面：第一，以往学者大多从公司层面的角度来研究独立董事在公司治理中的作用，即一个公司中的多个独立董事如何发挥作用，本章将研究视角拓展至独立董事个人层面，即一个独立董事在其兼职的多家上市公司中如何进行决策，丰富了独立董事领域的研究视角；第二，本章探究了兼职独立董事的行为决策过程，即兼职独立董事对于不同的公司如何分配其时间和精力，并探讨了声誉理论和薪酬理论对于独立董事行为的影响，同时还分析了独立董事个人特征和信息不透明对前者的交互影响，丰富了独立董事领域的研究成果；第三，与以往从公司层面的角度来研究独立董事不同，从独立董事层面入手，排除了独立董事个体差异对于独立董事行为的影响，丰富了独立董事的研究方法。

本章的现实应用价值主要体现在以下三个方面：第一，2014 年 9 月15 日，中国上市公司协会发布了《上市公司独立董事履职指引》，该指引第五条明确规定："独立董事应当确保足够的时间和精力有效履行职责，原则上最多在五家上市公司兼任独立董事"。而本章的结论表明，兼职独立董事对于上市公司并非一视同仁，而是在策略性地分配时间和精力。第二，本章结论发现，对于声誉较低的公司，兼职独立董事的关注度较低。因此，为保障独立董事履行职责，对于规模水平较高的公司，应当保持自己的优势，吸引独立董事更好地发挥监督和咨询的作用；对于规模较小的公司，应当考虑聘用非兼职的独立董事。而对于兼职独立董事，公司可以考虑进一步采取强化激励措施，提高公司在该独立董事的任职公司中的优先次序。第三，本章的研究结论可以为上市公司选择正确的方法激励独立董事提供政策依据。当前媒体经常以"天价薪酬"、"不作为"、"花瓶"等字眼来形容独立董事，研究证实了薪酬不是影响独立董事关注度的主要因素，表明上市公司应当调整当前对于独立董事支付薪酬的方式，并设立全面合理的激励制度，切实促进独立董事更好的在上市公司发挥作用。

三、研究不足及未来研究方向

本章可能存在以下研究局限：由于独立董事的特质存在多个方面，

但是基于数据的可得性，本章仅考虑了独立董事的学历、年龄、性别等重要特征，而无法观察到其他独立董事的特质对研究结论的影响。

　　未来研究可以从以下方面着手：基于独立董事制度的重要性和兼职独立董事在我国资本市场的广泛存在性，未来研究可以继续考察兼职独立董事关注度对于企业公司决策的影响。比如，兼职独立董事有差异地分配关注度，如何影响上市公司的会计信息质量，尤其是审计委员会中的独立董事。进一步地，资本市场以及外部人如何对兼职独立董事的关注度定价。例如，投资者是否对于获得独立董事高关注度的公司给予更低的资本成本；分析师是不是更愿意跟踪独立董事关注程度更高的公司。

第四章

分析师关注度分配决策研究

第一节 引 言

分析师①是资本市场中联系投资者和上市公司的信息媒介。他们在资本市场中通过对上市公司信息的搜集和加工，评估上市公司的未来发展走势，对其盈利指标进行预测，并提出买入、卖出和持有的建议，在降低投资者和上市公司之间的信息不对称，提高证券市场透明度方面起着重要作用（Cheng et al.，2006；朱红军等，2007）。现有研究发现，分析师关注度高的公司（即一年内一个公司被较多的分析师跟踪），个股暴跌风险较低（潘越等，2011），融资成本较低（Chen and Cheng，2008），企业面临融资约束困境的可能性较小（宫义飞和郭兰，2012）。可见，分析师关注度问题在改善公司治理和缓解信息不对称方面起到了重要作用，也因此成为分析师领域的热点话题。

然而，学者们大都从公司层面来研究分析师关注度（一个公司被多

---

① 在资本市场中，分析师分为卖方分析师和买方分析师，本书主要研究的是卖方分析师。

少个分析师跟踪），鲜有从分析师个人层面（一个分析师同时跟踪多少家上市公司）的角度进行深入探讨。一般而言，一个分析师同时跟踪多家上市公司的现象在国内外均非常普遍，根据本章统计，在中国，71.57%的分析师在一年内跟踪过两家以上的上市公司，最多同时跟踪达150家之多，仅有少数分析师一年内仅跟踪一家上市公司。但是，由于分析师的时间和精力有限，当面对多家上市公司时，首要决策就是怎样在多个上市公司中分配时间和精力，进而进行信息搜集和专业分析，发布盈余预测和提出买卖持有建议。然而，拉姆纳特等（Ramnath et al. , 2008）指出：尽管当前分析师领域的实证研究已经取得了丰硕的成果，但是关于分析师的行为决策过程仍是"黑箱"，投资者知之甚少。

基于以上分析，本章考虑，当一个分析师同时跟踪多家上市公司时，能否对所有上市公司一视同仁①，投入相等的关注度，即平均分配时间和精力，发布数量和质量相等的盈余预测报告？还是区别对待，投入不同的关注度，即策略性的分配时间和精力，发布数量和质量存在差异的盈余预测报告？如果存在区别对待各家上市公司的情况，其背后的决定机制是什么？

本章试图通过分析2010~2014年追踪A股公司的分析师数据打开这一"黑箱"，研究发现，分析师对上市公司存在区别对待现象，并且主要受声誉理论驱动，对于关注度低的公司，分析师发布数量较少且较粗糙的盈余预测；而对于关注度高的公司，分析师发布数量较多且更精确的盈余预测，并且这一现象在明星分析师中表现更为明显。

本章的主要贡献体现在：首先，以往文献主要从公司层面（即一个公司被多少位分析师跟踪）来研究分析师关注度，鲜有从分析师个人层面（即一个分析师同时追踪多少家公司）的角度进行研究，丰富了分析

---

① 本书提到的"是否一视同仁"、"是否平均分配时间和精力"是指分析师对于所跟踪的上市公司，是否分配的关注度相同，进而是否发布了数量和质量均等的盈余预测。

师领域的研究视角；其次，本章探究了分析师的行为决策过程，深入考察了分析师对待不同公司的行为差异，丰富了分析师研究的相关文献；最后，分析哪些类型上市公司会受到分析师更多关注，对于理解分析师的选择偏好以及如何提高上市公司对分析师的吸引力都具有重要的现实意义。

第二节 文献回顾与研究假设

分析师是资本市场中的专业人士，他们大多受过良好训练并拥有专业知识，搜集公共信息和私有信息的能力较强，对于上市公司的信息拥有较强的解读能力。在信息搜集方面，分析师拥有广泛的信息搜集渠道，能够及时获取关于上市公司的公开信息和非公开信息（Chen et al.，2010）；在信息解读方面，分析师拥有深厚的专业素养和信息分析能力，能够从海量的信息中挖掘和解读公司的财务信息，提供高质量的预测报告；在信息传递方面，分析师通过网络、报纸、电视等多媒体渠道发布研究报告，为投资者提供相关的投资建议。以往的研究结论发现，如果一个公司被较多的分析师关注，那么该公司的盈余管理程度较低（Hong et al.，2014）、流动性较高（Roulstone，2003）、内外部之间的信息不对称较低（He and Lin，2015）。

然而，由于分析师行为的不可观察性，以往学者们仅研究了公司层面分析师关注度的高低所产生的经济后果，即一家公司受多少个分析师关注，进而会对公司的财务政策产生怎样的影响。然而，以上研究并没有将分析师关注度与分析师自身的差异性进行区别，也就是说，公司的财务政策，不仅仅与追踪公司的分析师数量有关，还受到分析师个人特征的影响。因此，仅从公司层面研究分析师就使得我们无法观察到分析师关注度背后的行为决策机制。有学者指出，对于分析师的行为决策过程，学界的理解还十分有限（Bradshaw and Sloan，2002；Brown et al.，

2015）。本章正是针对以往研究的不足，以同时追踪多个上市公司的分析师数据为样本，考察单个分析师对同时追踪的多家上市公司所产生的行为差异进行研究。之所以从单个分析师的角度进行分析，主要是为了排除分析师的个体差异在研究上的干扰，从而使本章的研究结论更为可靠。

当单个分析师同时跟踪多家上市公司时，一方面，分析师面临声誉的制约，为了保持良好的声誉，需要发布及时、准确的盈余预测；另一方面，受到时间与精力的限制，对于不同的上市公司，分析师需要合理地分配其关注度。以往研究发现，声誉往往决定了行为人的关注度分配。具体来看，声誉理论认为，声誉是一项无形资产（Tadelis，1999），建立和保持良好的声誉对于分析师来说至关重要（Ertimur et al.，2011）。研究发现，高声誉会为分析师带来良好的职业前景（Leone and Wu，2007），可观的报酬（Dorfman，1997），并赚取更多的交易佣金（Jackson，2005），而缺乏声誉的分析师在市场的竞争力较低。因此，分析师有建立、维护和保持自己声誉的动机。

既然声誉对于分析师有激励作用，那么，对于有助于提高分析师声誉的上市公司，分析师可能会给予较高的关注度，而对于提高分析师声誉帮助不大的上市公司，分析师则可能给予较低的关注度，这从主观上为分析师有所侧重地分配时间和精力提供了动机。与此同时，由于分析师同时要跟踪多家上市公司，其时间和精力存在稀缺性，这又在客观上使分析师关注度产生差异提供了条件，即对于有助于提高其声誉的上市公司，分析师就会分配较多的时间和精力，投入较多的关注度；反之则可能会分配较少的时间和精力，投入较少的关注度。那么，在跟踪的众多公司中，分析师选择什么样的上市公司进行重点关注，才能够迅速提高自身的声誉呢？马苏利斯和莫布斯（Masulis and Mobbs，2014）通过对独立董事的研究发现，相对规模较大的公司，由于其自身知名度较高，因而更有助于独立董事声誉的提高。基于此，本章认为：第一，公司的规模越大，名望和声誉①越高（Fama and Jensen，1983）。因此，对于相对规模较大的公司进行关注，会给分析师带来更高的曝光率，也有助于分析师收获名望和声誉，对于相对规模较小的公司进行关注，分析师在新闻、报纸和网络获得的曝光率较少，比较不利于其名望和声誉的迅速提高。第二，对于能给分析师带来知名度的公司，分析师倾向于投入更多的精力和时间，发布数量更多和质量较高的盈余预测，因为一旦分析师的盈余预测与公司真实业绩高度一致，或者为投资者提供的买卖或持有建议使投资者获益，那么，分析师就会受到资本市场的高度关注，进而迅速提高其知名度。第三，对于一些相对规模较小的公司，由于其受投资者的关注程度较低，即使分析师对该公司发布的预测更精确，或提供的投资建议很有预见性，也很难在资本市场上引起很大的反响，不利于分析师知名度的迅速提高，因此，对于这类公司，分析师倾向于给予较少的关注，分配较少的时间和精力。

通过以上的分析可以看出，基于声誉理论，在分析师跟踪的数家公司中，相对规模较大的公司，由于能给分析师带来较高的声誉，分析师的关注度会较高②，进而发布更多和更精确的盈余预测，而相对规模较小的公司，由于对提高分析师声誉的帮助不大，因此分析师的关注度会较低，进而发布的盈余预测数量和质量都较低。由此本章提出假设4-1和假设4-2。

假设4-1：其他条件相同的情况下，在分析师追踪的数家公司中，如果分析师对公司的关注度越高，发布盈余预测的数量也越多。

假设4-2：其他条件相同的情况下，在分析师追踪的数家公司中，

---

① 从理论上看，企业声誉不仅包括企业的伦理道德也包括管理水平、产品质量、创新能力以及社会责任等（De Castro et al.，2006）。从实证上来看，在公司层面的研究中，采用了多种指标来度量企业声誉。比如，最受尊敬的公司（Cao et al.，2012）、是否违规（张嘉兴等，2016；肖海莲和胡挺，2007）、媒体报道（叶康涛等，2010）等。在个人层面的研究中，目前主流的做法是使用公司市值来衡量公司声誉（Masulis and Mobbs，2014）。

② 综合来看，本文的结论发现分析师倾向于重点关注声誉较高的企业。但是在某些情况下，不排除分析师也会关注某一低声誉的公司，一旦预测准确，也有可能迅速提高分析师声誉。

如果分析师对公司的关注度①越高，发布的盈余预测越精确。

中国的《新财富》杂志自 2003 年开始，每年根据机构投资者的票选结果，在各研究领域选出排名前 5 名的分析师或分析师团队，授予"最佳分析师"的称号。研究发现，最佳分析师的盈余预测能力更高（李丽清，2012；伊志宏和江轩宇，2013）；克尔和奥勒特（Kerl and Ohlert，2015）认为，明星分析师对于公司具有治理作用，有助于促进公司透明度的提高。利用中国分析师数据，徐等（Xu et al.，2013）研究发现，明星分析师特有的人力资本有助于其克服信息不透明的障碍，明星分析师的盈余预测为股票市场上带来了更多公司层面的信息，因此，被明星分析师跟踪的公司，其股价同步性较低。

相较于普通分析师，明星分析师具有特殊的人力资本和行业专长，有能力发布更加精准的盈余预测；此外，为了保持声誉，明星分析师更有动机发布质量较高的盈余预测。因此，与普通分析师相比，明星分析师会发布数量更高且质量更好的盈余预测，由此本章提出假设 4 - 3 和假设 4 - 4。

假设 4 - 3：其他条件相同的情况下，如果分析师是明星分析师，分析师关注度与预测数量的正相关关系会增强。

假设 4 - 4：其他条件相同的情况下，如果分析师是明星分析师，分析师关注度与预测精度的负相关关系会增强②。

第三节 研 究 设 计

一、样本选择与数据来源

研究显示，金融危机会影响分析师的分析行为（Ang and Ma，

---

① 关于分析师关注度高低的界定，见第三部分研究设计。
② 本书的预测精度指标越小，表明分析师预测越精确，因此分析师关注度与预测精度是为负相关关系。

2001），因此，为了避免金融危机（2007～2009 年）对于分析师行为产生的影响，本章以 2010～2014 年沪、深 A 股上市公司的分析师预测数据为研究样本，具体筛选过程如下：（1）由于本章研究的是分析师关注度，主要研究单个分析师在一个会计年度内追踪多家公司的样本，因此对于单个分析师在一个会计年度内只追踪一家公司的样本予以删除；（2）由于分析师发布盈余预测时，除了对本年进行预测，还会对未来两年进行预测，因此根据前人研究，删除预测日期早于年报发布日一年的样本，同时还删除预测日期晚于年报发布日的样本；（3）删除金融行业样本；（4）删除了 ST、*ST 的公司；（5）删除了相关数据变量不全的样本；最后共得到 42495 个分析师/年/公司观测值。研究中所使用的数据全部来自于 RESSET 数据库。明星分析师数据通过新财富网站手工收集。本书使用 Stata 统计软件进行数据处理和回归。为了控制极端值的影响，对所有的连续变量进行了上下 1% 的缩尾（winsorize）处理。

二、变量定义及模型构建

（一）被解释变量

考虑到如果分析师对所追踪的某一公司有较高的关注度，那么分析师可能对该公司发布较多和更精确的盈余预测，可以看出，分析师的预测数量和预测精度可以反映分析师关注度的投入情况，因此，本章拟从分析师的预测数量和预测精度两方面着手进行考察。（1）分析师预测数量（NUM）。本章采用两种方法度量分析师预测数量，NUM1 表示一个分析师一年内对一家公司发布盈余预测的数量，并进行对数处理，该指标越大，表明预测数量越多。NUM2 是哑变量，在一个分析师跟踪的数家公司中，如果对某家公司发布的预测次数高于或等于平均值，则为 1，否则为 0。（2）分析师预测精度（ACC）。根据克莱门特（1999）、谭松涛和崔小勇（2015），本章采用分析师预测值偏离真实值的程度来表示预测精度。具体分为两种方法：绝对预测精度（ACC1）和相对预测精度（ACC2）。具体计算公式如下：

$$ACC1_{ijt} = \frac{\left| FEPS_{ijt} - EPS_{jt} \right|}{\left| EPS_{jt} \right|} \qquad (4-1)$$

其中，$ACC1_{ijt}$ 表示分析师 i 在第 t 年对公司 j 的绝对预测精度。$FEPS_{ijt}$ 表示分析师 i 在第 t 年对公司 j 的预测每股收益平均值，EPS_{jt} 表示第 t 年公司 j 的真实每股收益。该指标越小，表明分析师预测越精确。

考虑到绝对预测精度可能会受到其他分析师预测水平、股市周期等因素的影响，本章构建相对预测精度以排除以上因素的干扰。

$$ACC2_{ijt} = \frac{afe_{ijt} - \overline{afe}_{ijt}}{\overline{afe}_{ijt}} \qquad (4-2)$$

$$\overline{afe}_{ijt} = \frac{1}{N} \sum_{N-1} afe_{kjt} \qquad (4-3)$$

其中，$ACC2_{ijt}$ 表示分析师 i 在第 t 年对公司 j 的相对预测精度。$afe_{ijt} = \left| FEPS_{ijt} - EPS_{jt} \right|$ 为分析师 i 在第 t 年对公司 j 的预测偏差，式中的 EPS_{jt} 表示第 t 年公司 j 的真实每股收益，$FEPS_{ijt}$ 表示分析师 i 在第 t 年对公司 j 的预测每股收益平均值，因此，afe_{ijt} 衡量的是单个分析师 i 在第 t 年对公司 j 的绝对预测偏差。式（4-3）衡量的是分析师 i 以外其他分析师在第 t 年对公司 j 的平均预测偏差（即分析师 i 以外其他分析师在第 t 年对公司 j 的绝对预测偏差的平均值）。通过分析师 i 的绝对预测偏差 afe_{ijt} 与其他分析师的 $\overline{afe}_{ijt}$ 绝对预测偏差平均值相比较，就可以更为精确的衡量出分析师 i 的预测精度。即该指标越小，表明分析师预测越精确。

（二）解释变量

根据上文分析，分析师声誉受上市公司规模的影响，对于规模较大的公司，由于有助于提高分析师的声誉，因此分析师会给予较高的关注，反之，分析师会给予较低的关注。因此，借鉴马苏利斯和莫布斯（Masulis and Mobbs，2014）的衡量方法，本章采用以下方法构建分析师关注度变量。第一，高关注度（HRD）。在一个分析师同一年跟踪的数家公司中，如果某一公司的市值是市值最低的公司的 10 倍及以上，则令 HRD 为 1，表明分析师给予较高关注，否则为 0。第二，低关注度（LRD）。在一个分析师同一年跟踪的数家公司中，如果某一公司的市值占市值最高公司的 10% 及以下，则令 LRD 为 1，表明分析师给予较低关注，否则为 0。

明星分析师变量（RANK）。《新财富》杂志每年票选出各行业排名前五名的分析师或分析师团队为明星分析师。根据其网站公布的资料，本章手工收集相关数据，并对每年各行业前五名的分析师或分析师团队赋值为 1，表示明星分析师，其余分析师或分析师团队赋值为 0，表示非明星分析师。

（三）控制变量

根据刘少波和彭绣梅（2012）、洪剑鞘等（2013）、谭松涛和崔小勇（2015）等的研究，上市公司如果发生亏损、资产负债率越高、收入波动性越大、信息不透明程度越高、机构投资者持股比例越大、分析师跟踪公司个数越多，分析师越容易发布较不精确的盈余预测，因此，本章将分析师跟踪公司个数（COVER）、收入波动性（SVOL）、机构投资者持股比例（IRATIO）、信息不透明度（OPAC）、是否亏损（LOSS）、资产负债率（LEV）、年份和行业哑变量等控制变量纳入研究模型，具体参见表 4 - 1。

表 4 - 1　　　　　　　　　　　变量定义一览表

变量	变量描述	变量定义
NUM	分析师预测数量	分为 NUM1 和 NUM2 两个度量指标，NUM1 表示一个分析师一年内对一家公司发布盈余预测的数量，并进行对数处理，该指标越大，表明预测数量越多。NUM2 是哑变量，在一个分析师跟踪的数家公司中，如果对某家公司发布的预测次数高于或等于平均值，则为 1，否则为 0
ACC	分析师预测精度	绝对预测精度（ACC1）和相对预测精度（ACC2），具体计算见上文。ACC1 和 ACC2 越小，表明分析师预测越精确

续表

变量	变量描述	变量定义
HRD	高关注度	在一个分析师同一年跟踪的数家公司中，如果某一公司的市值是市值最低的公司的 10 倍及以上，则令 HRD 为 1，表明分析师给予较高关注，否则为 0
LRD	低关注度	低关注度（LRD）。在一个分析师同一年跟踪的数家公司中，如果某一公司的市值占市值最高公司的 10% 及以下，则令 LRD 为 1，表明分析师给予较低关注，否则为 0
RANK	明星分析师	如果分析师是明星分析师，则为 1，否则为 0
COVER	分析师跟踪公司个数	分析师在一年内跟踪分析的上市公司家数，对数处理
SVOL	收入波动性	过去三年销售收入与总资产比值的标准差
IRATIO	机构投资者持股比例	机构投资者持股数/流通股股数
OPAC	信息不透明度	参考金等（2015）的构建
LOSS	是否亏损	如果公司当年的净利润为负数，则为 1，否则为 0
LEV	资产负债率	总负债与总资产的比值
YEAR	年份	哑变量
IND	行业	哑变量，根据证监会行业进行分类

三、模型构建

根据前文的理论分析，本章构建如下模型对各研究假设进行检验：

第一，为了检验假设 1，本章构建回归模型：

$$NUM_{it} = \beta_0 + \beta_1 HRD_{it} + \beta_2 LRD_{it} + \sum_j \beta_j CVariables_{it} + \varepsilon_{it} \quad (4-4)$$

其中，因变量为分析师预测数量（NUM），具体包括 NUM1 和 NUM2，研究变量为高关注度（HRD）和低关注度（LRD），CVariables 为控制变量。该模型的对照组为分析师关注度处于中等水平的组。此处主要考察系数 β_1 和 β_2，如果 β_1 显著为正，表明在分析师跟踪的数家公司中，如果分析师的关注度越高，对该公司发布盈余预测的次数就越多，即存在区别对待现象，如果系数不显著，则表明在分析师跟踪的数家公司中，分析师对于不同公司在盈余预测数量上不存在差别,即分析师一视同仁;如果 β_2 显著为负,表明在分析师跟踪的数家公司中,如果分析师的关注度越低,对该公司发布盈余预测的次数也越少,即存在区别对待现象,如果系数不显著,则表明在分析师跟踪的数家公司中,分析师对于不同公司在盈余预测数量上没有差别,即分析师一视同仁。

第二,为了检验假设2,本章构建回归模型:

$$ACC_{it} = \beta_0 + \beta_1 HRD_{it} + \beta_2 LRD_{it} + \sum_j \beta_j CVariables_{it} + \varepsilon_{it} \quad (4-5)$$

其中,因变量为分析师预测精度(ACC),具体包括 ACC1 和 ACC2。研究变量为 HRD 和 LRD,CVariables 为控制变量。该模型的对照组为分析师关注度处于中等水平的组。此处主要考察系数 β_1 和 β_2,如果 β_1 显著为负,表明在分析师跟踪的数家公司中,如果分析师的关注度越高,盈余预测的精度也越高,即存在区别对待现象,如果系数不显著,则表明在分析师跟踪的数家公司中,分析师对于不同公司在预测精度上没有差别,即分析师一视同仁;如果 β_2 显著为正,表明在分析师跟踪的数家公司中,如果分析师的关注度越低,盈余预测的精度也越低,即存在区别对待现象,如果系数不显著,则表明在分析师跟踪的数家公司中,分析师对于不同公司在预测精度上没有差别,即分析师一视同仁。

第三,为了检验假设3,本章构建模型:

$$NUM_{it} = \beta_0 + \beta_1 HRD_{it} + \beta_2 LRD_{it} + \beta_3 RANK_{it} + \beta_4 HRD_{it} \times RANK_{it}$$
$$+ \beta_5 LRD_{it} \times RANK_{it} + \sum_j \beta_j CVariables_{it} + \varepsilon_{it} \quad (4-6)$$

其中,RANK 为明星分析师变量,此处主要考察系数 β_4 和 β_5,如果 β_4 和 β_5 显著为正,表明与非明星分析师相比,明星分析师发布盈余预测的数量较多。

第四,为了检验假设4,本章构建模型:

$$ACC_{it} = \beta_0 + \beta_1 HRD_{it} + \beta_2 LRD_{it} + \beta_3 RANK_{it} + \beta_4 HRD_{it} \times RANK_{it}$$
$$+ \beta_5 LRD_{it} \times RANK_{it} + \sum_j \beta_j CVariables_{it} + \varepsilon_{it} \quad (4-7)$$

其中，RANK 为明星分析师变量，此处主要考察系数 β_4 和 β_5，如果 β_4 和 β_5 显著为负，表明与非明星分析师相比，明星分析师预测的精度较高。

第四节　实证结果分析

一、描述性统计与相关性分析

表 4-2 是各变量的描述性统计结果，可以看出，样本中有 22.6% 的公司受到分析师的较高关注（HRD），30.6% 的公司受到分析师的较低关注（LRD），明星分析师占总样本的 7.2%。表 4-3 是单个分析师跟踪公司数量统计，可以看出，在 2010~2014 年间，仅有 28.43% 的分析师在一年内只追踪一家上市公司，71.57% 的分析师在一年内同时跟踪过多家上市公司。其中，一年内同时跟踪 2~5 家公司的分析师比例最高，达 40.36%，其次是同时跟踪 6~10 家的分析师，大约占 19.14%。表明大部分的分析师存在同时跟踪多家上市公司的现象，在这种情况下，分析师很有可能因为时间和精力有限，对于上市公司给予不同的关注程度，从而为本章的研究提供了契机和充足的样本。

表 4-2　　　　　　　　　　　描述性统计

变量名	均值	最小值	最大值	中位数	标准差	样本量
NUM1	1.995	1.000	9.000	1.000	1.540	42495
NUM2	0.469	0.000	1.000	0.000	0.499	42495
ACC1	0.616	0.000	11.500	0.162	1.552	42495
ACC2	0.045	-1.000	3.565	-0.082	0.820	42495
HRD	0.226	0.000	1.000	0.000	0.419	42495

续表

变量名	均值	最小值	最大值	中位数	标准差	样本量
LRD	0.306	0.000	1.000	0.000	0.461	42495
RANK	0.072	0.000	1.000	0.000	0.259	42495
COVER	2.318	0.693	6.483	2.303	0.961	42495
SVOL	0.106	0.005	0.657	0.069	0.112	42495
IRATIO	0.155	0.005	0.687	0.110	0.148	42495
OPAC	0.072	0.000	1.000	0.000	0.259	42495
LOSS	0.024	0.000	1.000	0.000	0.153	42495
LEV	0.524	0.103	0.857	0.535	0.180	42495

注：NUM1 和 NUM2 为分析师预测数量，ACC1 和 ACC2 为分析师预测的绝对精度和相对精度，HRD 为高专注度，LRD 为低关注度，RANK 为明星分析师，COVER 为分析师跟踪公司个数，SVOL 为收入波动性，IRATIO 为机构投资者持股比例，OPAC 为信息不透明度，LOSS 为是否亏损，LEV 为资产负债率。

表4－3 分析师跟踪公司数量统计

年度	跟踪公司数量						合计	比例
	1	[2, 5]	[6, 10]	[11, 15]	[16, 20]	[21 以上]		
2010	694	995	473	194	59	40	2455	22.82%
2011	451	630	389	165	83	79	1797	16.71%
2012	530	806	396	157	74	72	2035	18.92%
2013	673	946	425	121	46	34	2245	20.87%
2014	710	964	376	110	45	19	2224	20.68%
合计	3058	4341	2059	747	307	244	10756	100%
比例	28.43%	40.36%	19.14%	6.94%	2.85%	2.27%	100%	—

此外，本章还进行了 Pearson 相关性分析，表4－4列示了主要变量的相关系数。从表4－4中可以看出，高关注度（HRD）与 NUM1、NUM2 在1%的水平上显著正相关，低关注度（LRD）与 NUM1、NUM2 在1%的水平上显著负相关，表明在分析师追踪的数家公司中，分析师对某一公司的关注度越高，发布盈余预测的数量也越多，而如果分析师

对某一公司的关注度越低，发布盈余预测的数量也越低。初步验证了本章的假设 4 - 1。此外，高关注度（HRD）与 ACC1、ACC2 的相关系数分别为 - 0.041 和 - 0.018，均显著为负，低关注度（LRD）与 ACC1、ACC2 的相关系数分别为 0.073 和 0.020，均显著为正，表明在分析师追踪的数家公司中，如果分析师对某一公司的关注度越高，发布盈余预测的精度也越高，反之，如果分析师对某一公司的关注度越低，发布预测的精度越低。初步验证了本章的假设 4 - 2。其余各控制变量的相关系数均在 0.05 以下，表明各变量之间不存在严重的多重共线性问题。

表 4 - 4　　　　　　　　主要变量的 pearson 相关系数检验

变量名	NUM1	NUM2	ACC1	ACC2	HRD	LRD
NUM1	1.000					
NUM2	0.497 ***	1.000				
ACC1	- 0.054 ***	- 0.034 ***	1.000			
ACC2	- 0.053 ***	- 0.020 ***	0.212 ***	1.000		
HRD	0.092 ***	0.038 ***	- 0.041 ***	- 0.018 ***	1.000	
LRD	- 0.049 ***	- 0.135 ***	0.073 ***	0.020 ***	- 0.186 ***	1.000

注：此处只报告了主要变量的相关系数，控制变量的相关性检验留存备索。*** 分别表示双尾显著性水平为 1%。NUM1 和 NUM2 为分析师预测数量，ACC1 和 ACC2 为分析师预测的绝对精度和相对精度，HRD 为高专注度，LRD 为低关注度。

二、分组分析

根据分析师关注程度的高低，本章将样本划分为高关注度组和低关注度组，表 4 - 5 分别列示了高、低关注度组的预测数量、预测精度均值。从盈余预测数量来看，高关注度组的 NUM1 均值为 2.323，低关注度组的 NUM1 均值为 1.882，前者高于后者，并且两者在 1% 的水平上存在显著差异（T 值为 - 19.204），表明如果分析师对公司的关注程度越高，其发布预测的数量也越多，关注程度越低，发布预测的数量也越少，NUM2 的单变量检验结果与 NUM1 的检验结果类似。从预测精度来看，ACC1 在高关注度组的均值为 0.456，在低关注度组的均值为 0.786，前者低于后者，两者在 1% 的水平上存在显著差异，表明分析师的关注度如果越高，其预测越精确（ACC1 越小），关注度如果越低，其预测越粗略，对 ACC2 的检验也支持了这一结果。综上所述，分组分析的结果初步印证了本章的假设 4 - 1 和假设 4 - 2，但因为尚未进行多元回归，还需要进一步检验，以保证结果的可靠性。

表 4 - 5　　　　　　　　　　　　单变量分析

组别	预测数量		预测精度		
	NUM1	NUM2	ACC1	ACC2	样本量
高关注度组	2.323	0.868	0.456	0.007	8206
低关注度组	1.882	0.799	0.786	0.070	13005
T - test	- 19.204 ***	- 13.071 ***	14.648 ***	5.443 ***	—

注：*** 分别表示双尾显著性水平为 1%。NUM1 和 NUM2 为分析师预测数量，ACC1 和 ACC2 为分析师预测的绝对精度和相对精度。

三、多元回归分析

（一）分析师关注度与盈余预测数量

表 4 - 6 是分析师关注度和盈余预测数量的多元回归结果。列（1）和列（2）是主要变量的回归结果，高关注度（HRD）与预测数量 NUM1 和 NUM2 的系数分别是 0.378 和 0.039，前者在 1% 的水平上显著为正，后者也接近显著，表明在分析师跟踪的数家公司中，如果分析师给予的关注度越高，对该公司发布的盈余预测的数量也越多。低关注度（LRD）与预测数量 NUM1 和 NUM2 的系数分别是 - 0.046 和 - 0.365，均为负数，且后者在 1% 的水平上显著，表明在分析师跟踪的数家公司中，如果分析师给予的关注度越低，对该公司发布的盈余预测的数量也越

少。列（3）和列（4）是加入其他控制变量后的多元回归结果，可以看到高关注度（HRD）与预测数量 NUM1 和 NUM2 的系数均在 1% 的水平上显著为正（T 值和 Z 值分别为 4.52 和 8.88），低关注度（LRD）与预测数量 NUM1 和 NUM2 的系数均在 1% 的水平下显著为负（T 值和 Z 值分别为 −5.95 和 −7.97），以上结果均表明分析师对所追踪的上市公司存在区别对待的现象，对于其关注程度较高的公司，发布盈余预测的数量较多，而对于其关注程度较低的公司，发布盈余预测的数量较少。同时结论也表明，分析师对于上市公司的区别对待行为，主要受声誉理论的影响，即对于能为分析师带来较高声誉的公司，分析师分配更多的时间和精力，给予的关注度较高，反之，则给予的关注度较低。假设 4 − 1 得到验证。

表 4 − 6　　　　　　　　　　分析师关注度与盈余预测数量

变量名	(1) NUM1		(2) NUM2		(3) NUM1		(4) NUM2	
	系数	T 值	系数	Z 值	系数	T 值	系数	Z 值
HRD	0.378	(8.60)***	0.039	(1.45)	0.235	(4.52)***	0.245	(8.88)***
LRD	− 0.046	(− 1.52)	− 0.365	(− 17.30)***	− 0.208	(− 5.95)***	− 0.173	(− 7.97)***
COVER					0.159	(10.21)***	− 0.219	(− 20.29)***
SVOL					0.068	(0.45)	0.087	(0.99)
IRATIO					0.086	(0.84)	0.085	(1.21)
OPAC					0.065	(0.50)	0.106	(1.33)
LOSS					− 0.295	(− 3.88)***	− 0.207	(− 3.26)***
LEV					− 0.059	(− 0.59)	− 0.092	(− 1.38)
_cons	1.658	(73.37)***	1.145	(57.14)***	1.328	(20.18)***	0.511	(10.63)***
年份和行业	控制		控制		控制		控制	
N	42495		42495		42495		42495	
r2_a	0.029		0.016		0.048		0.030	

　　注：列（1）、（2）是未加入控制变量的回归结果，列（3）、（4）是加入控制变量的回归结果，括号中为经过 Cluster 调整的 T 或 Z 值；*** 分别表示双尾显著性水平为 1%。因变量 NUM1 和 NUM2 为分析师预测数量，HRD 为高专注度，LRD 为低关注度，COVER 为分析师跟踪公司个数，SVOL 为收入波动性，IRATIO 为机构投资者持股比例，OPAC 为信息不透明度，LOSS 为是否亏损，LEV 为资产负债率，_cons 为常数项。

（二）分析师关注度与盈余预测精度

表 4 - 7 是分析师关注度和预测精度的多元回归结果。列（1）和列（2）是主要变量的回归结果，高关注度（HRD）与预测精度 ACC1 和 ACC2 的系数分别是 - 0.137 和 - 0.028，T 值和 T 值分别为 - 3.28 和 - 3.19，均在 1% 的水平上显著为负，表明在分析师跟踪的数家公司中，如果分析师给予的关注度越高，对该公司发布的盈余预测精度更高。低关注度（LRD）与预测精度 ACC1 和 ACC2 的系数分别是 0.198 和 0.032，均在 1% 的水平上显著为正，表明在分析师跟踪的数家公司中，如果分析师给予的关注度越低，对该公司发布的盈余预测越不精确。列（3）和列（4）是加入其他控制变量后的多元回归结果，可以看到，同列（1）和列（2）的结果类似，高关注度（HRD）与预测精度 ACC1 和 ACC2 的系数均在 1% 的水平上显著为负（T 值和 T 值分别为 - 5.65 和 - 4.10），低关注度（LRD）与预测精度 ACC1 和 ACC2 的系数均在 1% 的水平下显著为正（T 值和 T 值分别为 3.61 和 2.28）。综上所述，从预测精度的结果也可以看出，当分析师同时跟踪多家上市公司时，鉴于其有限的时间和精力，对关注度高的公司，投入的时间和精力更多，发布的预测也更精确，对于关注度低的公司，投入的时间和精力较少，则发布的预测较为粗略。这一结论验证了本章的假设 4 - 2。同时结论也从分析师预测质量的角度，证明了声誉理论对于分析师行为的影响，即当分析师同时跟踪数家公司时，声誉理论使得分析师对于不同的公司给予不同的关注程度，分配不同的时间和精力，进而在盈余预测质量上产生差异。

表 4 - 7　　　　　　　　　分析师关注度与盈余预测精度

变量名	（1）ACC1		（2）ACC2		（3）ACC1		（4）ACC2	
	系数	T 值	系数	T 值	系数	T 值	系数	T 值
HRD	- 0.137	（- 3.28）***	- 0.028	（- 3.19）***	- 0.24	（- 5.65）***	- 0.038	（- 4.10）***
LRD	0.198	（4.50）***	0.032	（3.47）***	0.18	（3.61）***	0.024	（2.28）**

续表

变量名	(1) ACC1		(2) ACC2		(3) ACC1		(4) ACC2	
	系数	T 值	系数	T 值	系数	T 值	系数	T 值
COVER					0.026	(1.79)*	0.012	(2.17)**
SVOL					0.681	(1.53)	0.037	(2.21)**
IRATIO					-0.448	(-2.69)***	-0.028	(-1.96)**
OPAC					-0.128	(-0.66)	-0.012	(-0.76)
LOSS					1.386	(5.81)***	0.027	(2.73)***
LEV					1.125	(6.70)***	0.010	(0.79)
_cons	0.636	(10.75)***	0.038	(7.10)***	0.016	(0.14)	0.014	(0.97)
年份和行业	控制		控制		控制		控制	
N	42495		42495		42495		42495	
r2_a	0.017		0.001		0.058		0.001	

注：列（1）、（2）是未加入控制变量的回归结果，列（3）、（4）是加入控制变量的回归结果，括号中为经过 Cluster 调整的 T 值；*、**、***分别表示双尾显著性水平为 10%、5%、1%。因变量 ACC1 和 ACC2 为分析师预测的绝对精度和相对精度，HRD 为高专注度，LRD 为低关注度，COVER 为分析师跟踪公司个数，SVOL 为收入波动性，IRATIO 为机构投资者持股比例，OPAC 为信息不透明度，LOSS 为是否亏损，LEV 为资产负债率，_cons 为常数项。

（三）明星分析师、关注度与盈余预测

表 4-8 是加入明星分析师交互项的多元回归结果。列（1）和列（2）是明星分析师、关注度与预测数量的多元回归结果。可以看出，高关注度（HRD）与预测数量 NUM1 和 NUM2 的系数在 1% 的水平上显著为正，表明分析师的关注度越高，发布的盈余预测数量越多，再次验证了假设 4-1。明星分析师与高关注度的交互项（HRD × RANK）与预测数量 NUM1 和 NUM2 的回归系数分别为 0.471 和 0.180，均在 1% 的水平上显著为正（T 值和 Z 值分别为 4.36 和 3.11），表明对于高关注度的公司，当分析师为明星分析师时，其发布的盈余预测数量比非明星分析师更多。然而明星分析师与低关注度的交互项（LRD × RANK）与预测

数量 NUM1 和 NUM2 的系数均不显著，表明对于低关注度的公司，明星分析师和非明星分析师在预测数量上不存在显著差异，假设 4 - 3 得到部分验证。

表 4 - 8　　　　　　　　明星分析师、关注度与盈余预测

变量名	预测数量				预测精度			
	(1) NUM1		(2) NUM2		(3) ACC1		(4) ACC2	
	系数	T 值	系数	Z 值	系数	T 值	系数	T 值
HRD	0.199	(3.89) ***	0.231	(8.37) ***	-0.236	(-5.65) ***	-0.031	(-3.19) ***
LRD	-0.214	(-6.27) ***	-0.172	(-7.73) ***	0.179	(3.63) ***	0.023	(2.11) **
HRD × RANK	0.471	(4.36) ***	0.180	(3.11) ***	-0.044	(-0.68)	-0.088	(-2.68) ***
LRD × RANK	0.099	(1.25)	0.006	(0.11)	0.01	(0.15)	0.005	(0.14)
RANK	0.479	(8.74) ***	-0.065	(-1.68) *	0.022	(0.52)	-0.035	(-1.48)
COVER	0.161	(10.41) ***	-0.218	(-20.23) ***	0.026	(1.77) *	0.012	(2.10) **
SVOL	0.069	(0.46)	0.087	(0.99)	0.681	(1.52)	0.037	(2.19) **
IRTIO	0.088	(0.86)	0.087	(1.23)	-0.448	(-2.70) ***	-0.029	(-2.01) **
OPAC	0.068	(0.52)	0.107	(1.35)	-0.128	(-0.66)	-0.013	(-0.79)
LOSS	-0.295	(-3.88) ***	-0.207	(-3.26) ***	1.386	(5.81) ***	0.028	(2.76) ***
LEV	-0.059	(-0.58)	-0.092	(-1.37)	1.125	(6.69) ***	0.01	(0.75)
_cons	1.332	(20.08) ***	0.511	(10.61) ***	0.016	(0.14)	0.014	(0.97)
年份和行业	控制		控制		控制		控制	
N	42495		42495		42495		42495	
r2_a	0.049		0.030		0.058		0.001	

注：列 (1)、(2) 为明星分析师、关注度与预测数量的回归结果，列 (3)、(4) 为明星分析师、关注度与预测精度的回归结果；括号中为经过 Cluster 调整的 T 值；*、**、*** 分别表示双尾显著性水平为 10%、5%、1%。NUM1 和 NUM2 为分析师预测数量，ACC1 和 ACC2 为分析师预测的绝对精度和相对精度，HRD 为高专注度，LRD 为低关注度，RANK 为明星分析师，COVER 为分析师跟踪公司个数，SVOL 为收入波动性，IRATIO 为机构投资者持股比例，OPAC 为信息不透明度，LOSS 为是否亏损，LEV 为资产负债率，_cons 为常数项。

列（3）和列（4）是明星分析师、关注度与预测精度的多元回归结果。可以看出，高关注度（HRD）与预测精度 ACC1 和 ACC2 的系数在 1% 的水平上显著为负，表明分析师的关注度越高，发布的盈余预测也越精确。这与假设 4 - 2 的结论保持一致。明星分析师与高关注度的交互项（HRD × RANK）与预测精度 ACC1 和 ACC2 的系数分别为 - 0.044 和 - 0.088，后者在 1% 的水平上显著为负，表明对于高关注度的公司，当分析师为明星分析师时，其发布的盈余预测比非明星分析师更精确。然而明星分析师与低关注度的交互项（LRD × RANK）与预测精度 ACC1 和 ACC2 的回归系数均不显著，表明对于低关注度的公司，明星分析师和非明星分析师在预测精度上不存在显著差异。这一结果部分支持了假设 4 - 4。综上所述，与非明星分析师相比，对于分析师关注度较高的公司，明星分析师发布盈余预测的数量更多也更精确，但是对于分析师关注度较低的公司，明星分析师与非明星分析师在预测数量和精度方面没有差别。

第五节 稳健性检验

为了保证实证结果的可靠性，本章进行了稳健性检验。第一，在正文中本章使用 10 倍和 10% 作为高关注度和低关注度划分标准，在此处，本章将划分标准定为 20 倍和 5% 重新回归，即在一个分析师同一年跟踪的数家公司中，如果某一公司的市值是市值最低的公司的 20 倍及以上，则令 HRD 为 1，表明分析师给予较高关注，否则为 0。对于一个分析师，在追踪的数家公司中，如果某一公司的市值占市值最高公司的 5% 及以下，则令 LRD 为 1，表明分析师给予较低关注，否则为 0。重新回归后原结果依然稳健（见表 4 - 9）。第二，在正文中本章的样本区间为 2010 ~ 2014 年，考虑到实证结果的可靠性和一般性，本章将样本区间拓展至 2003～2014 年①，以涵盖证券市场的牛市、熊市，重新回归后结果依然稳健（见表 4－10 和表 4－11）。第三，考虑到公司规模可能给研究结论带来的逆向影响，本章按照公司规模分为高中低三组，对原结果重新回归，结论依然稳健（见表 4－12）。

表 4－9　　　　　　　　　　　　　稳健性检验

变量名	(1) NUM1		(2) NUM2		(3) ACC1		(4) ACC2	
	系数	T 值	系数	Z 值	系数	T 值	系数	T 值
HRD	0.294	(4.21)***	0.357	(10.12)***	－0.294	(－5.37)***	－0.028	(－2.68)***
LRD	－0.286	(－8.13)***	－0.142	(－5.91)***	0.182	(3.02)***	0.051	(4.59)***
COVER	0.163	(10.89)***	－0.233	(－22.70)***	0.03	(1.98)**	0.007	(1.35)
SVOL	0.066	(0.43)	0.087	(1.01)	0.689	(1.55)	0.038	(2.25)**
IRATIO	0.077	(0.76)	0.087	(1.27)	－0.445	(－2.65)***	－0.025	(－1.78)*
OPAC	0.056	(0.43)	0.101	(1.31)	－0.122	(－0.62)	－0.011	(－0.71)
LOSS	－0.28	(－3.57)***	－0.193	(－2.88)***	1.375	(5.69)***	0.026	(2.51)**
LEV	－0.055	(－0.53)	－0.073	(－1.09)	1.1	(6.55)***	0.008	(0.64)
_cons	1.32	(20.33)***	0.514	(11.00)***	0.024	(0.22)	0.02	(1.38)
年份和行业	控制		控制		控制		控制	
N	42495		42495		42495		42495	
r2_a	0.029		0.016		0.048		0.030	

注：列（1）、（2）为分析师关注度与预测数量的回归结果，列（3）、（4）为分析师关注度与预测精度的回归结果；括号中为经过 Cluster 调整的 T 值；*、**、*** 分别表示双尾显著性水平为 10%、5%、1%。NUM1 和 NUM2 为分析师预测数量，ACC1 和 ACC2 为分析师预测的绝对精度和相对精度，HRD 为高专注度，LRD 为低关注度，COVER 为分析师跟踪公司个数，SVOL 为收入波动性，IRATIO 为机构投资者持股比例，OPAC 为信息不透明度，LOSS 为是否亏损，LEV 为资产负债率，_cons 为常数项。

---

　　① 《新财富》最佳分析师评选始于 2003 年，因此在稳健性检验中，样本区间最早拓展至 2003 年。

表 4 – 10　　　　　　扩大样本量后的回归结果：2003 ~ 2014 年

（因变量：分析师预测数量）

变量名	预测数量			
	（1）NUM1	（2）NUM2	（3）NUM1	（4）NUM2
HRD	0.243 (5.39)***	0.239 (9.26)***	0.21 (4.79)***	0.224 (8.66)***
LRD	− 0.186 (− 6.28)***	− 0.18 (− 9.20)***	− 0.19 (− 6.52)***	− 0.18 (− 9.02)***
HRD × RANK			0.425 (4.39)***	0.197 (3.61)***
LRD × RANK			0.059 (0.92)	0.010 (0.22)
RANK			0.505 (11.39)***	− 0.086 (− 2.73)***
COVER	0.148 (11.43)***	− 0.211 (− 21.97)***	0.15 (11.64)***	− 0.21 (− 21.88)***
SVOL	0.007 (0.06)	0.052 (0.68)	0.008 (0.07)	0.053 (0.69)
IRATIO	0.151 (1.64)	0.141 (2.11)**	0.154 (1.68)*	0.143 (2.13)**
OPAC	0.067 (0.67)	0.131 (1.99)**	0.069 (0.69)	0.132 (2.00)**
LOSS	− 0.262 (− 4.95)***	− 0.174 (− 3.44)***	− 0.264 (− 4.97)***	− 0.175 (− 3.46)***
LEV	− 0.05 (− 0.58)	− 0.037 (− 0.63)	− 0.05 (− 0.58)	− 0.037 (− 0.63)
常数项	1.291 (22.36)***	0.428 (9.03)***	1.296 (22.27)***	0.429 (9.03)***
年份和行业	控制	控制	控制	控制
N	53270	53270	53270	53270
r2_a	0.050	0.030	0.051	0.030

注：列（1）、（2）是未加入交乘项的回归结果，列（3）、（4）是考虑交乘项的回归结果，括号中为经过 Cluster 调整的 T 或 Z 值；*、**、*** 分别表示双尾显著性水平为 10%、5%、1%。NUM1 和 NUM2 为分析师预测数量，HRD 为高专注度，LRD 为低关注度，RANK 为明星分析师，COVER 为分析师跟踪公司个数，SVOL 为收入波动性，IRATIO 为机构投资者持股比例，OPAC 为信息不透明度，LOSS 为是否亏损，LEV 为资产负债率，_cons 为常数项。

表 4 - 11　　　　　　扩大样本量后的回归结果：2003～2014 年

（因变量：分析师预测精度）

变量名	预测质量		预测质量	
	（1）ACC1	（2）ACC2	（3）ACC1	（4）ACC2
HRD	-0.242 (-6.21)***	-0.031 (-3.62)***	-0.239 (-6.20)***	-0.024 (-2.71)***
LRD	0.227 (4.59)***	0.035 (3.58)***	0.226 (4.58)***	0.035 (3.40)***
HRD×RANK			-0.037 (-0.59)	-0.086 (-2.84)***
LRD×RANK			0.008 (0.14)	0.002 (0.06)
RANK			0.035 (0.94)	-0.021 (-0.97)
COVER	0.006 (0.42)	0.001 (0.17)	0.006 (0.41)	0.001 (0.10)
SVOL	0.672 (1.71)*	0.038 (1.93)*	0.672 (1.71)*	0.037 (1.91)*
IRATIO	-0.689 (-4.02)***	-0.06 (-4.10)***	-0.689 (-4.03)***	-0.061 (-4.17)***
OPAC	-0.02 (-0.10)	-0.021 (-1.46)	-0.02 (-0.10)	-0.022 (-1.49)
LOSS	1.46 (6.54)***	0.018 (2.08)**	1.46 (6.54)***	0.019 (2.13)**
LEV	1.307 (7.34)***	0.003 (0.27)	1.307 (7.34)***	0.003 (0.25)
常数项	-0.303 (-2.58)**	0.113 (7.95)***	-0.303 (-2.58)**	0.112 (7.89)***
年份和行业	控制	控制	控制	控制
N	53270	53270	53270	53270
r2_a	0.077	0.001	0.077	0.001

注：列（1）、（2）是未加入交乘项的回归结果，列（3）、（4）是考虑交乘项的回归结果，括号中为经过 Cluster 调整的 T 或 Z 值；*、**、*** 分别表示双尾显著性水平为 10%、5%、1%。ACC1 和 ACC2 为分析师预测的绝对精度和相对精度，HRD 为高专注度，LRD 为低关注度，RANK 为明星分析师，COVER 为分析师跟踪公司个数，SVOL 为收入波动性，IRATIO 为机构投资者持股比例，OPAC 为信息不透明度，LOSS 为是否亏损，LEV 为资产负债率，_cons 为常数项。

表 4 – 12 按公司规模分组回归

变量名	小规模组		中规模组		大规模组	
	NUM1	NUM2	NUM1	NUM2	NUM1	NUM2
HRD	0.539 (5.98)***	0.758 (5.35)***	0.213 (4.38)***	0.181 (3.33)***	0.329 (10.08)***	0.239 (9.57)***
LRD	− 0.252 (− 8.94)***	− 0.120 (− 3.52)***	− 0.159 (− 4.50)***	− 0.116 (− 3.18)***	− 0.152 (− 3.06)***	− 0.075 (− 1.96)*
COVER	− 0.251 (− 14.73)***	− 0.051 (− 2.78)***	− 0.171 (− 9.22)***	0.002 (0.09)	0.167 (8.86)***	− 0.257 (− 17.60)***
SVOL	0.147 (1.11)	0.306 (2.26)**	0.301 (1.93)*	0.531 (3.93)***	− 0.148 (− 1.05)	− 0.239 (− 2.21)**
IRATIO	0.238 (2.34)**	0.048 (0.45)	0.000 (− 0.00)	− 0.12 (− 1.30)	− 0.041 (− 0.43)	0.024 (0.33)
OPAC	0.126 (1.49)	0.085 (0.87)	0.063 (0.58)	0.172 (1.74)*	− 0.033 (− 0.29)	0.214 (2.44)**
LOSS	− 0.19 (− 2.03)**	− 0.146 (− 1.59)	− 0.361 (− 3.72)***	− 0.224 (− 2.37)**	− 0.187 (− 2.29)**	− 0.119 (− 1.89)*
LEV	− 0.215 (− 2.47)**	− 0.09 (− 0.95)	0.055 (0.48)	0.134 (1.20)	− 0.100 (− 0.92)	− 0.079 (− 0.95)
_cons	0.608 (9.95)***	1.185 (19.70)***	0.342 (4.03)***	1.002 (12.68)***	1.435 (15.92)***	0.609 (8.80)***
年份和行业	控制		控制		控制	
N	14430	14430	14106	14106	13959	13959
r2_a	0.045	0.026	0.024	0.022	0.028	0.022

注：括号中为经过 Cluster 调整的 T 或 Z 值；*、**、*** 分别表示双尾显著性水平为 10%、5%、1%。NUM1 和 NUM2 为分析师预测数量，HRD 为高专注度，LRD 为低关注度，COVER 为分析师跟踪公司个数，SVOL 为收入波动性，IRATIO 为机构投资者持股比例，OPAC 为信息不透明度，LOSS 为是否亏损，LEV 为资产负债率，_cons 为常数项。

第六节 小 结

分析师在资本市场中起着信息中介的作用，是投资者与上市公司之间的桥梁，他们通过向投资者提供有关上市公司的各类预测，从而引导投资者理性投资，促进资本市场的公正与公平。然而在我国，分析师往往同时跟踪多家上市公司，在精力和时间有限的情况下，分析师是否对所有公司投入足够的时间和精力，投入足够的关注度，对不同公司出具的盈余预测报告是否都能保质保量，是值得深入研究的问题。通过研究2010~2014年沪、深两市A股上市公司的分析师数据，本章发现，分析师存在区别对待所追踪上市公司的现象，并且其行为决策主要受声誉理论的影响。当上市公司受到分析师较高关注时，分析师会发布更多和更精确的盈余预测，当上市公司受到分析师较低关注时，分析师会发布较少和较粗略的盈余预测。并且与普通分析师相比，明星分析师会对关注度高的公司，发布数量更多和更为精确的盈余预测，但是对关注度低的公司，明星分析师和非明星分析师在预测数量和预测精度方面不存在显著差别。

本章的研究结论也具有政策意义，首先，鉴于分析师对于关注度不同的公司所提供的盈余预测存在数量和质量上的差异，因此，投资者应善于分辨和拣选分析师提供的各类预测信息，从而进行合理的投资决策。例如，对于跟踪多家上市公司的分析师出具的分析报告，投资者应当考虑其分析报告质量的差异性，更具体地，对于分析师针对相对规模较小的公司出具的分析或预测，应当考虑声誉理论对于分析师预测精度带来的负面影响。其次，分析师应提高工作效率，尽可能保证公正公平的对待每一家上市公司，进而保质保量地提供有关上市公司的盈余预测。例如，现有的分析师薪酬大多来自于券商佣金的提成，证券公司应当考虑将分析师的预测精度纳入薪酬的考核范围，从而引导分析师尽可能地对于上市公司一视同仁，从而提高分析预测精度。最后，上市公司应努力提高自身的声誉，以此提高自身的相对地位，从而获得分析师的更高关注。一方面，企业应当"苦练内功"，增强自身盈利能力，提高公司股价与市场价值，增强对于分析师的吸引程度；另一方面，企业应当加强对于分析师的信息沟通，增强公司透明度。例如，鼓励分析师对于公司进行电话访问和实地调研，从而强化与分析师之间的信息交流，避免自身的股票被市场低估，促进公司股票的流动性及公司的健康发展。

未来研究方向：本章仅是采取了当前研究的主流做法，从公司市值相对排序的角度出发来构建分析师关注度变量；然而，考虑到关注度变量可能受到多方面的影响，在未来的研究中，将构建更为全面的指标来考察分析师关注度，进而构建出更为全面完善的分析师关注度指标。

第五章

审计师关注度分配决策研究

第一节 引　　言

当前，由于行业竞争的严峻性加剧了事务所之间的竞争，降低了事务所的审计收费，为了控制成本，审计师们不得不压缩审计时间、节约成本，以保障审计项目收益。因此，审计师面临着越来越严峻的时间预算压力（Kelley and Margheim，2002；刘成立，2008）。

在我国，一个审计师往往同时负责多家公司的年报审计项目。据本章统计，在2010~2014年间，只有39.72%的审计师专注于一家上市公司的年报审计，60.28%的审计师[1]在一年内同时参与2家或2家以上上市公司的审计工作，个别审计师甚至在一年内审计的上市公司高达15家之多。我国年报的审计时间较为集中，当审计师同时负责多个年报审计项目时，由于工作量大，又受到时间预算的约束，可能会面临应接不暇、顾此失彼的状况。

---

　　① 鉴于数据可得性，本书主要的研究对象为签字审计师。

综上所述，无论是出于行业竞争、控制成本的需要，或是考虑到年报审计的紧迫性和审计师面临的繁重工作，审计师有限的精力和审计工作的时间约束很可能导致审计师对于上市公司分配的关注度产生差异。也就是说，当审计师参与多家公司的年报审计时，在时间和精力有限的情况下，审计师是否会对上市公司分配相同的关注度，即是否同等认真地对待不同上市公司的审计工作，从而保证审计质量？还是分配不同的关注度，有所侧重，即是否认真对待一部分客户的审计工作，对另一部分客户的审计工作则应付、敷衍了事，从而使得审计质量存在差异？如果关注度不同，又是什么因素驱使或起决定性作用？这些问题现有文献还没有进行深入细致的研究。

基于此，考虑到审计师对于上市公司关注程度的高低会体现在年报的审计质量上，因此为了考察审计师如何分配其关注度及其背后的影响机理，本章以 2010～2014 年为研究区间，从审计师层面出发，深入探讨了审计师关注度与审计质量的关系。研究发现，当审计师同时参与多个上市公司的年报审计项目时，会对其审计的上市公司区别对待、分配不同的关注度、并且关注度的差异主要由声誉理论解释，与上市公司支付的审计费用水平无关，即薪酬理论的解释作用有限。具体表现在，审计师对于规模较大和规模中等的上市公司投入的关注度没有显著差别，审计质量也无明显差异，但是对于规模较小的上市公司投入的关注度显著低于前两者，审计质量也较低。这一现象在非"四大"事务所工作、任期短的审计师中表现得更为明显，但与事务所的所有制性质无关。此外，客户支付的审计费用水平对于审计师关注度的影响不显著。

本章的主要贡献体现在：首先，传统审计领域的文献多集中在事务所层面的研究，即用从某一客户收取的审计费用占事务所全年审计费用的比例、某一客户的规模占事务所全年所有客户规模的比例来衡量客户的重要性，进而间接考察审计师的行为。然而，对于事务所层面而言重要的客户（即该客户的审计费用占比高或者规模占比高）并不必然导致审计师分配较多的关注度。这主要是因为在审计师层面，不同审计师的审计客户群不同：如果一个审计师的客户群均为事务所层面的重要客户，该审计师由于时间精力的限制，可能会顾此失彼，对客户群中某一重要（事务所层面）客户分配较高的关注度；类似的，如果另一个审计师的客户群均为事务所层面而言较不重要的客户，则这个审计师也可能对其客户群中某一较不重要（事务所层面）的客户分配较低的关注度。因此德丰和弗朗西斯（Defond and Francis，2005）指出，审计师层面的研究更具有可信性和说服力。基于此，本章利用了在我国相当数量的审计师同时兼任不同上市公司的签字注册会计师这一特殊制度背景，以审计师层面为出发点，研究了审计师关注度的分配问题，拓展了审计师文献的研究视角。其次，从事务所层面考察的客户重要性，由于不能有效地排除审计师的个体差异对于审计师决策行为的影响，因此研究结果往往体现的是客户重要性和审计师个体差异对于审计质量的综合影响。本章从审计师层面出发，构建审计师关注度指标，可以克服以上的干扰因素，拓展了审计师领域的研究方法。最后，分析审计师关注度的差异，对于理解审计师的选择偏好，研究审计师的激励机制都具有重要的现实意义。

第二节　文献回顾与研究假设

声誉理论指出，声誉是一项无形资产（Tadelis，1998），并且是一种信号显示机制（Akerlof，1970）。建立、保持和维护良好的声誉对于审计师来说至关重要，研究发现，较高的职业声誉可以增加审计师在市场上的议价能力（方红星和戴捷敏，2012）、降低诉讼风险（曹强等，2012）、提高审计收费（王帆和张龙平，2012）和增加审计客户（Watts and Zimmerman，1986）。因此，审计师有动机建立个人声誉并使其声誉保持在较高水平。

为了提高自身声誉，审计师应该投入足够的时间和精力到每一个审计项目中，进而保证审计质量。然而，由于年报审计的时间较为集中，一个审计师往往同时参与多家上市公司的审计工作，繁重的审计业务以及审计成本控制导致的时间预算约束，使得审计师难以面面俱到、保质保量地完成所有客户的年报审计工作。从以上分析可以得出，审计师一方面，要提供高质量的审计服务、保持自身的声誉；另一方面，又难以投入足够的时间和精力到所有的审计项目中，在此两难的情况下，审计师很有可能在其审计的所有客户中进行权衡：如果该客户在审计师的所有客户中，对提高审计师的声誉帮助较大，审计师则倾向于给予较高的关注度，即投入较多的时间和精力，进而审计质量较高；而如果该客户在审计师的所有客户中，对提高审计师的声誉帮助较小，审计师则倾向于给予较低的关注度，即投入较少的时间和精力，进而审计质量较低。

那么，对提高审计师自身声誉帮助较大的公司，具有怎样的特征呢？法马和延森（Fama and Jensen，1983）指出公司规模与名望、声誉成正比，马苏利斯和莫布斯（Masulis and Mobbs，2014）的研究也表明，当独立董事在多家公司兼职时，相对规模较大的公司，自身的名望声誉也越高，从而对于独立董事声誉的提高更有帮助。也就是说，规模较大的公司有助于提高审计师的自身声誉。

因此，本章认为：第一，对规模较大的审计客户进行关注，审计师获得的曝光率较高，有助于审计师获得名望和声誉，从而在市场上获得更大的竞争力，将来可以争取更多的审计客户。因此，审计师倾向于对这类客户分配较多的审计时间，投入更多的精力，给予更多的关注度，从而有助于审计质量的提高。因为对于这类审计客户，一旦审计失败，报纸、新闻等各类媒体的曝光度较高，审计师就会面临较高的诉讼和处罚风险（Chen et al.，2010），也会对其现有客户和潜在客户产生不利影响（Reynolds and Francis，2001），进而严重损害审计师的声誉。第二，对于规模较小的审计客户，审计师被公共媒体曝光的机会较少，即使审计师对这类公司投入的时间和精力很多，审计质量很高，也很难引起资本市场的巨大反响，从而不利于审计师获得声誉。因此，审计师倾向于给予较少的关注度。

基于以上分析可以看出，如果声誉理论对于审计师的关注度分配决策有解释作用，那么，在审计师的所有客户中，相对规模较大的审计客户，审计师给予的关注度较高，审计质量也较高（因为投入的时间和精力较多），相对规模较小的审计客户，审计师给予的关注度较低，进而审计质量相对较低（因为投入的时间和精力较少）。反之，如果声誉理论对于审计师的关注度分配决策没有解释作用，那么，不论是规模较大的客户还是规模较小的客户，审计师分配的关注度均相同，进而审计质量也相同。因此，为了验证声誉理论是否会对审计师的关注度产生影响，本章提出以下假设：

假设 5 - 1：其他条件相同的情况下，在审计师的所有客户中，如果审计客户的规模相对越高，审计师对该客户的关注度就越高，进而审计质量越高，反之则审计质量越低。（声誉理论）

薪酬理论认为，薪酬激励可以增加公司的业绩。弗朗西斯和西蒙（Francis and Simon，1987）的研究表明，审计费用越高，审计报告的改善越多。对于审计师来说，各个上市公司支付给其的审计费用就是审计师的"薪酬"。由于不同审计客户支付给审计师的审计费用不同，因此对审计师产生的效用和激励程度也会存在差异。具体来说，如果客户支付的审计费用较高，审计师的积极性就较高，愿意对该公司投入较多的时间和精力，分配更多的关注度，从而有助于审计质量的提高；反之，审计师则可能分配较少的时间、精力和关注度，从而不利于审计质量的提高。

因此，本章考虑，如果薪酬理论对于审计师的关注度分配决策有解释作用，那么，对于拥有多个审计客户的审计师来说，支付审计费用较高的客户对审计师的激励作用较高，可以获得审计师更多的关注，从而对该客户分配更多的时间和精力，表现为审计质量较高。而对于支付审计费用较低的客户，审计师的积极性也较低，因而获得审计师的关注也较少，从而对该客户分配较少的时间和精力，表现为审计质量也较低。反之，如果薪酬理论对于审计师的关注度分配决策没有解释作用，那么不论客户支付的审计费用水平如何，审计师分配的关注度均相同，进而表现为审计质量也相同。因此，为了验证薪酬理论是否会对审计师的关注度产生影响。

假设 5 - 2：其他条件相同的情况下，在审计师的所有客户中，如果

客户支付的审计费用越高，审计师对该客户的关注度越高，进而审计质量越高，反之审计质量则越低。（薪酬理论）

2010年，为了促进我国会计师事务所做大做强，财政部、国家工商行政管理总局发布了《关于推动大中型会计师事务所采用特殊普通合伙组织形式的暂行规定》，鼓励大、中型会计师事务所由有限责任公司制转制为特殊普通合伙制。根据《中华人民共和国合伙企业法》和《中华人民共和国公司法》的规定，如果事务所是有限责任公司制，只需以事务所股东认缴的出资额为限对公司承担责任，从而不会影响到审计师的个人财产；如果事务所为特殊普通合伙制，因故意或者重大过失造成合伙企业债务，直接责任合伙人应当承担无限责任或者无限连带责任，非因故意或者重大过失造成的合伙企业债务，由全体合伙人承担无限连带责任。这一规定更加明确了审计责任，将审计责任直接与审计师个人挂钩。

在上述制度背景下，如果审计师所在的事务所转制为特殊普通合伙制，审计师将承担更大的法律责任，因审计失败产生的诉讼风险也可能极大提升。因此，一方面，从事务所层面来看，为了规避法律责任和诉讼风险，事务所会加大对审计师的培训力度，提高审计师的专业胜任能力和执业水平，从而增加审计师的责任心和使命感，从根本上解决由事务所转制所带来的不利影响；另一方面，从审计师层面来看，为了避免因故意或重大过失而产生的法律责任，审计师在执业过程中也会加大时间和精力的投入，从而表现得更为努力、谨慎（Geiger et al.，2006），进而对审计客户的关注度也越高。研究表明，事务所转制后，审计师更愿意出具非标审计意见（Liu et al.，2011），其所审计的公司盈余管理水平也较低（刘启亮等，2015）。

基于以上分析可以看出，相较于有限责任制事务所的审计师，如果审计师所在的事务所属于特殊普通合伙制，由于受到较强的法律责任约束，审计师对于审计客户的关注度更高，从而审计质量也越高。

假设5-3：其他条件相同的情况下，相对于来自有限责任制事务所的审计师，来自特殊普通合伙事务所的审计师对客户的关注程度更高，审计质量也更高。

第三节 研究设计

一、样本选择与数据来源

本章以对 A 股上市公司进行审计的审计师为研究对象，样本区间为 2010 ~ 2014 年，具体样本筛选过程如下：首先，由于本章研究的是审计师层面的关注度，即研究一个审计师在一个会计年度内同时审计多家上市公司的样本，因此对于一个审计师在一个会计年度内只审计一家上市公司的样本予以删除；其次，考虑到金融行业在会计处理上的特殊性，因此删除了金融行业的相关样本；再其次，对于数据不全或缺失的观察值，予以删除；最后，删除了 ST、* ST 的观察值。因此，本章共得到 6676 个审计师/公司/年观测值。研究中所使用的审计师数据来自于 CS-MAR 数据库，其他数据来源于 RESSET 数据库。本章相关变量的数据整理，多元回归均使用 stata 软件进行处理。

二、变量定义及模型构建

（一）被解释变量

借鉴吴昊旻等（2015）的研究，本章使用修正琼斯（Jones）模型计算得出的可操控性应计 DA1 来度量审计质量。为了保证结果的稳健性，本章同时使用原始琼斯（Jones）模型计算出的可操控性应计 DA2 来度量审计质量。其中，修正琼斯（Jones）模型的具体计算过程如下：

首先，使用截面数据对于公式（5 - 1）进行分行业分年度回归，提取行业特征参数 γ_1、γ_2、γ_3。

$$TA_{i,t} = \gamma_1 \left(\frac{1}{A_{i,t-1}} \right) + \gamma_2 (\Delta REV_{i,t}) + \gamma_3 (PPE_{i,t}) + \varepsilon_{i,t} \qquad (5-1)$$

其中，$TA_{i,t}$ 是公司 i 在第 t 年的总应计，是营业利润与经营现金流量的差额；$A_{i,t-1}$ 表示公司 i 在第 $t-1$ 年的总资产；$\Delta REV_{i,t}$ 表示公司 i 第 t 年营业收入减去第 $t-1$ 年营业收入；$PPE_{i,t}$ 表示公司 i 在第 t 年的固定资产；$\varepsilon_{i,t}$ 为残差。

其次，将从公式（5-1）提取的行业特征参数 γ_1、γ_2、γ_3 代入公式（5-2），计算每个公司每年的非操控性应计 $NDA_{i,t}$。

$$NDA_{i,t} = \gamma_1 \left(\frac{1}{A_{i,t-1}} \right) + \gamma_2 (\Delta REV_{i,t} - \Delta REC_{i,t}) + \gamma_3 (PPE_{i,t}) + \varepsilon_{i,t} \quad (5-2)$$

其中，$NDA_{i,t}$ 表示公司 i 在第 t 年的非操控性应计。$\Delta REC_{i,t}$ 表示公司 i 在第 t 年的应收账款与 $t-1$ 年的应收账款之差。

最后，计算每个公司每年的操控性应计。

$$DA1_{i,t} = TA_{i,t} - NDA_{i,t} \qquad (5-3)$$

（二）解释变量

（1）审计师关注度。

本章借鉴马苏利斯和莫布斯（Masulis and Mobbs，2014）对于独立董事层面关注度的检验方法，来衡量审计师层面的关注度。考虑到审计师的关注度分配决策可能由声誉理论或薪酬理论解释，因此本章分别构建基于声誉理论（按规模）的高、低关注度指标（HRD1 和 LRD1）和基于薪酬理论（按支付的审计费用）的高、低关注度指标（HRD2 和 LRD2）。

需要特别指出的是：一个客户在所有上市公司中的市值高低或薪酬高低，并不直接决定基于声誉的审计师关注度的高低或者基于薪酬的审计师关注度的高低，而是该客户的市值或薪酬在审计师所审计的所有客户中的排名，才直接决定了审计师的关注度。具体构建方法如下：

①高关注度（HRD）。此处将分别使用 HRD1（基于声誉理论的高关注度）和 HRD2（基于薪酬理论的高关注度）来衡量审计师的高关注度。在声誉理论下，在审计师的所有客户当中，如果某一上市公司的市值比市

值最低的公司大 2 倍，则令 HRD1 为 1，表明审计师给予较高关注，否则为 0。在薪酬理论下，如果某一上市公司支付的审计费用比审计费用最低的公司大 2 倍，则令 HRD2 为 1，表明审计师给予较高关注，否则为 0。

②低关注度（LRD）。此处将分别使用 LRD1（基于声誉理论的低关注度）和 LRD2（基于薪酬理论的低关注度）来衡量审计师的低关注度。在声誉理论下，在审计师的所有客户当中，如果某一上市公司的市值比市值最高的公司低 50%，则令 LRD1 为 1，表明审计师给予较低关注，否则为 0。在薪酬理论下，如果某一上市公司支付的审计费用比审计费用最高的公司低 50%，则令 LRD2 为 1，表明审计师给予较低关注，否则为 0。

（2）特殊普通合伙（LLP）。

如果审计师所在的会计师事务所为特殊普通合伙制，则定义为 1，否则为 0①。

（三）控制变量

借鉴刘启亮等（2015）、吴伟荣和刘亚伟（2015）等的研究，本章将审计师审计客户数（FIRM）、是否亏损（LOSS）、公司规模（SIZE）、资产负债率（LEV）、应收账款比率（AR）、存货比率（INVENT）、流

---

① 本文没有采用二分类（高/低关注度分别用 1/0 表示）或三分类（高/中/低关注度分别用 1/0/−1 表示）哑变量构建审计师关注度，原因有二：第一，前文分析，在控制成本、时间预算有限的情况下，审计师个人层面可能会对客户分配不同的关注度，因此，本文借鉴马苏利斯和莫布斯的研究方法构建变量的目的是要检验审计师个人层面是否对客户分配了不同的关注度，而二分类和三分类变量只能表明审计师对于客户的关注度已经产生了差异，而不能检验审计师对于客户到底分配了均等的关注度，还是不同的关注度。

第二，此类哑变量只能表明审计师关注度对于审计质量方向上的影响，例如，在模型（5-4）和模型（5-5）的回归中，如果不使用本文构建的变量 HRD 和 LRD，而使用一个三分类哑变量，当三分类哑变量的回归系数显著为负，表明审计师的关注度越高，审计质量越高；当回归系数不显著，则表明高中低关注度组的审计质量没有差异。

但是在实际中，还有可能存在以下情况，比如审计师对于高/中两组的客户，在关注度上没有显著差异，也就是投入的时间精力差不多，进而审计质量无差异，但是审计师对于高/中两组客户的关注度却显著高于低组的客户，表现为低组客户的审计质量显著低于高/中两组客户；或者审计师对于中/低两组客户，在关注度上没有显著差异，投入的时间精力区别不大，表现为审计质量上也无差异，但是审计师对于高组客户的关注度却显著低于中/低两组的关注度，表现在高组的审计质量显著高于中/低两组的审计质量。这两类信息如果只用三分类变量是较难捕捉到的，而本文构建的变量正好可以弥补这一缺陷，捕捉到以上的信息。

动比率（CURRENT）、任职期限（TENURE）、是否"四大"（BIG4）、年份和行业等相关控制变量纳入研究模型，具体参见表5-1。

表5-1　　　　　　　　　　　　变量定义一览表

变量	变量描述	变量定义
DA	审计质量	使用修正 Jones 模型计算得出的可操控性应计 DA1 和原始 Jones 模型计算出的可操控性应计 DA2 来度量审计质量
HRD	高关注度	分别使用 HRD1（基于声誉理论的高关注度）和 HRD2（基于薪酬理论的高关注度）来衡量审计师的高关注度。在声誉理论下，在审计师的所有客户当中，如果某一上市公司的市值比市值最低的公司大2倍，则令 HRD1 为1，表明审计师给予较高关注，否则为0。在薪酬理论下，如果某一上市公司支付的审计费用比审计费用最低的公司大2倍，则令 HRD2 为1，表明审计师给予较高关注，否则为0
LRD	低关注度	分别使用 LRD1（基于声誉理论的低关注度）和 LRD2（基于薪酬理论的低关注度）来衡量审计师的低关注度。在声誉理论下，在审计师的所有客户当中，如果某一上市公司的市值比市值最高的公司低50%，则令 LRD1 为1，表明审计师给予较低关注，否则为0。在薪酬理论下，如果某一上市公司支付的审计费用比审计费用最高的公司低50%，则令 LRD2 为1，表明审计师给予较低关注，否则为0
LLP	特殊普通合伙	如果审计师所在的事务所为特殊普通合伙制，则为1，否则为0
FIRM	审计师审计客户数	审计师在一年内跟踪分析的上市公司家数，对数处理
LOSS	是否亏损	如果公司当年的净利润为负数，定义为1，反之为0
SIZE	公司规模	公司总资产取自然对数
LEV	资产负债率	公司总负责除以总资产
AR	应收账款比率	公司应收账款与总资产的比值
INVENT	存货比率	公司存货与总资产的比值
CURRENT	流动比率	公司流动资产除以流动负债
TENNUE	任职期限	审计师对同一上市公司的审计年限
BIG4	是否"四大"	审计师所在的事务所是"四大"会计师事务所，定义为1，反之为0
YEAR	年份	年份为虚拟变量
IND	行业	行业为虚拟变量

三、模型构建

第一，为了验证声誉理论是否对审计师关注度分配决策具有解释作用，本章构建模型（5-4）来检验假设 5-1：

$$DA = \beta_0 + \beta_1 HRD1 + \beta_2 LRD1 + \sum_j \beta_j CVariables + \varepsilon \quad (5-4)$$

其中，因变量为 DA，在主检验和稳健性检验中，本章分别使用 DA1 和 DA2 进行回归。研究变量为基于声誉理论构建的高关注度（HRD1）和低关注度（LRD1），CVariables 为控制变量。模型的对照组为审计师关注度处于中等水平的组。

此处主要考察系数 β_1 和 β_2，如果 β_1 显著为负，表明在审计师的所有客户中，相对于规模中等的客户，客户的规模越高，审计师对其的关注度越高，即投入的时间和精力越多，审计质量也越高，也就是说审计师对于规模不同的客户分配了不同的关注度，声誉理论对审计师关注度的分配决策具有解释作用；如果 β_1 不显著，则表明审计师对于规模较大和规模中等的客户，分配的关注度没有显著差别，即投入的时间和精力没有差别，进而审计质量也没有差别，也就是说审计师关注度的差异并非由声誉理论解释。

如果 β_2 显著为正，表明在审计师的所有客户中，相对于规模中等的客户，客户的规模越低，审计师对其的关注度越低，即投入的时间和精力越低，审计质量也较低，也就是说依据客户的相对规模，审计师对于不同客户分配了不同的关注度，声誉理论对这一现象具有解释作用；如果 β_2 不显著，则表明审计师对于规模中等和规模较小的客户，分配的关注度没有显著差别，即投入的时间和精力没有差别，表现为审计质量上也没有差别，也就是说声誉理论对这一现象没有解释作用。

第二，为了验证薪酬理论是否会对审计师关注度分配决策产生影响，本章构建模型（5-5）来检验假设 5-2：

$$DA = \beta_0 + \beta_1 HRD2 + \beta_2 LRD2 + \sum_j \beta_j CVariables + \varepsilon \qquad (5-5)$$

其中，因变量为 DA，在主检验和稳健性检验中，本章分别使用 DA1 和 DA2 进行回归。研究变量为基于薪酬理论构建的高关注度（HRD2）和低关注度（LRD2），CVariables 为控制变量。模型的对照组为审计师关注度处于中等水平的组。

此处主要考察系数 β_1 和 β_2，如果 β_1 显著为负，表明在审计师的所有客户中，相对于支付审计费用水平中等的客户，客户支付的审计费用水平越高，审计师的关注度越高，即投入的时间和精力越高，审计质量也越高，也就是说依据相对的审计费用的高低，审计师对于支付中等水平和高水平审计费用的客户分配了不同的关注度，薪酬理论对审计师关注度的分配决策具有解释作用；如果 β_1 不显著，则表明审计师对于支付中等水平和高水平审计费用的客户，在关注度上没有显著差别，即投入的时间和精力没有差别，表现为审计质量没有差别，也就是说薪酬理论对审计师关注度的分配决策没有解释作用。

如果 β_2 显著为正，表明在审计师的所有客户中，相对于支付审计费用水平中等的客户，如果客户支付的审计费用水平越低，审计师的关注度越低，即投入的时间和精力越低，审计质量也较低，也就是说薪酬理论发挥了解释作用；如果 β_2 不显著，则表明审计师对于支付中等水平和低水平审计费用的客户，在关注度上没有显著差别，即投入的时间和精力没有差别，进而审计质量上也没有差别，也就是说薪酬理论的解释作用有限。

第三，本章构建模型（5-6）来检验假设 5-3：

$$DA = \beta_0 + \beta_1 HRD + \beta_2 LRD + \beta_3 LLP + \beta_4 HRD \times LLP$$
$$+ \beta_5 LRD \times LLP + \sum_j \beta_j CVariables + \varepsilon \qquad (5-6)$$

其中，LLP 为特殊普通合伙哑变量，其余变量同上。此处主要考察系数 β_4 和 β_5，如果 β_4 显著为负，表明对于审计师关注程度较高的组，如果审计师来自采用特殊普通合伙制的事务所，审计师关注度与审计质量的负相关关系会增强；如果 β_5 显著为负，表明对于审计师关注程度较低的组，如果审计师来自采用特殊普通合伙制的事务所，审计师关注度与审计质量的正相关关系会减弱。如果 β_4 和 β_5 不显著，则表明事务所的性质对于审计师关注度和审计质量的关系没有影响。

第四节　实证结果分析

一、描述性统计与相关性分析

表 5 - 2 是分年度审计师数量统计，可以看出在 2010 ~ 2014 年，平均约有 60.28% 的审计师在一年内同时参与过两家及两家以上的上市公司审计工作，只有 39.72% 的审计师在一年内仅参与了一家上市公司的审计工作。其中，在一年内同时审计 2 ~ 5 家上市公司的比例最高，占 50.92%，表明大部分审计师存在同时审计多家上市公司的现象。在这样的背景下，由于审计师时间和精力有限，就可能导致审计师对参与审计的上市公司分配不同的关注度，也就是存在区别对待的现象，因此，这为本章的研究提供了天然样本和必要条件。表 5 - 3 是变量的描述性统计。可以看出，如果按声誉理论来构建审计师关注度（HRD1 和 LRD1），在审计师当年审计的所有客户中，样本中有 30% 的上市公司受到审计师的较高关注，31.8% 的上市公司受到审计师的较低关注。如果按薪酬理论来划分审计师关注度（HRD2 和 LRD2），在审计师当年审计的所有客户中，样本中有 16.5% 的上市公司受到审计师较高的关注度，18.8% 的上市公司受到审计师较低的关注度。此外，50.5% 的审计师所在的事务所是特殊普通合伙制（LLP），其余是有限责任公司制。

表 5 – 2 分年度审计师数量统计 单位：个

年度	客户数量					
	1	[2, 5]	[6, 10]	[11, 15]	合计	比例（%）
2010	971	1257	270	28	2526	19. 09
2011	1033	1261	242	29	2565	19. 38
2012	1065	1359	200	44	2668	20. 16
2013	1073	1403	199	7	2682	20. 27
2014	1114	1459	209	11	2793	21. 10
合计	5256	6739	1120	119	13234	100
比例（%）	39. 72	50. 92	8. 46	0. 90	100	—

表 5 – 3 描述性统计

变量名	均值	最小值	最大值	中位数	标准差	样本量
DA1	0. 071	0. 001	0. 366	0. 051	0. 070	6676
DA2	0. 072	0. 001	0. 368	0. 051	0. 071	6676
HRD1	0. 300	0. 000	1. 000	0. 000	0. 458	6676
LRD1	0. 318	0. 000	1. 000	0. 000	0. 466	6676
HRD2	0. 165	0. 000	1. 000	0. 000	0. 371	6676
LRD2	0. 188	0. 000	1. 000	0. 000	0. 390	6676
LLP	0. 505	0. 000	1. 000	1. 000	0. 500	6676
FIRM	3. 623	2. 000	15. 000	3. 000	2. 100	6676
LOSS	0. 095	0. 000	1. 000	0. 000	0. 293	6676
SIZE	22. 202	18. 946	25. 745	22. 117	1. 311	6676
LEV	0. 527	0. 087	1. 143	0. 534	0. 209	6676
AR	0. 080	0. 000	0. 411	0. 049	0. 089	6676
INVENT	0. 192	0. 000	0. 796	0. 138	0. 184	6676
CURRENT	1. 633	0. 207	8. 012	1. 310	1. 264	6676
TENNUE	3. 808	0. 000	19. 000	2. 000	4. 157	6676
BIG4	0. 054	0. 000	1. 000	0. 000	0. 226	6676

注：DA1 为审计质量，使用修正。琼斯（Jones）模型计算的可操控性应计衡量，DA2 为审计质量，使用原始。琼斯模型计算的可操控性应计衡量，HRD1 为基于声誉理论的高关注度，LRD1 为基于声誉理论的低关注度，HRD2 为基于薪酬理论的高关注度，LRD2 为基于薪酬理论的低关注度，LLP 为特殊普通合伙，FIRM 为审计师审计客户数，LOSS 为是否亏损变量，SIZE 为公司规模，LEV 为资产负债率，AR 为应收账款比率，INVENT 为存货比率，CURRENT 为流动比率，TENNUE 为任职期限，BIG4 为是否"四大"变量。

表 5 - 4 是主要变量的 Pearson 相关性分析。在声誉理论下，高关注度（HRD1）与审计质量（DA1 和 DA2）存在负相关关系，但不显著，低关注度（LRD1）与审计质量（DA1 和 DA2）存在显著的正相关关系，表明审计客户的规模会影响审计师关注度，即当审计师参与多家上市公司的审计时，由于时间精力的限制，审计师对于规模小的客户分配了较低的关注度，进而审计质量较低，初步表明声誉理论可以解释审计师关注度的分配决策。在薪酬理论下，高关注度（HRD2）与审计质量（DA1 和 DA2）存在显著的负相关关系，而低关注度（LRD2）与审计质量（DA1 和 DA2）的相关系数不显著，表明审计客户支付的薪酬会影响审计师关注度，当审计师参与多家公司的审计工作时，如果客户支付的审计费用较高，审计师的关注程度较高，进而审计质量较高，初步表明薪酬理论对于审计师关注度的分配决策也具有解释作用。以上结果初步验证了本章的假设 5 - 1 和假设 5 - 2，但因为还没有控制其他变量，还需要进行多元回归分析进行验证。

表 5 - 4 相关性分析

变量名	DA1	DA2	HRD1	LRD1	HRD2	LRD2
DA1	1.000					
DA2	0.985 ***	1.000				
HRD1	− 0.002	− 0.018	1.000			
LRD1	0.044 ***	0.040 ***	− 0.175 ***	1.000		
HRD2	− 0.041 ***	− 0.040 ***	0.494 ***	− 0.131 ***	1.000	
LRD2	0.011	0.006	− 0.087 ***	0.520 ***	− 0.140 ***	1.000

注：此处报告了主要变量的相关系数。其中 DA1 为审计质量，使用修正琼斯（Jones）模型计算的可操控性应计衡量，DA2 为审计质量，使用原始琼斯模型计算的可操控性应计衡量，HRD1 为基于声誉理论的高关注度，LRD1 为基于声誉理论的低关注度，HRD2 为基于薪酬理论的高关注度，LRD2 为基于薪酬理论的低关注度。*** 分别表示双尾显著性水平为 1%。

二、分组分析

根据审计师关注程度的不同，本章将审计质量（DA1 和 DA2）划分为两组，进行均值 T 检验。表 5 - 5 的结果表明，在以规模划分的高关注度组中，审计质量（DA1 和 DA2）的均值分别为 0.068 和 0.069，高于以规模划分的低关注度组的审计质量（DA1 和 DA2 分别为 0.075 和 0.076），并且两者在 1% 的水平上存在显著差异。这一结果支持了假设 5 - 1，表明声誉理论可以解释审计师关注度的分配决策，客户的规模越大，审计师的关注度越高，审计质量越高，反之审计师的关注度越低，审计质量越低。在以薪酬划分的高关注度组和低关注度组中，依然是高关注度组的审计质量（DA1 和 DA2 分别为 0.063 和 0.065）高于低关注度组的审计质量（DA1 和 DA2 分别为 0.073 和 0.073），且两者在 1% 的水平上存在显著差异，表明薪酬理论也可以解释审计师关注度的分配决策，即客户支付的审计费用水平越高，审计师给予的关注度越高，审计质量也越高，反之审计质量越低，这一结果也支持了假设 5 - 2。

表 5 - 5　　　　　　　　　　　　分组分析

组别	声誉			薪酬		
	高关注度组	低关注度组	T 检验	高关注度组	低关注度组	T 检验
DA1	0.068	0.075	3.386 ***	0.063	0.073	3.231 ***
DA2	0.069	0.076	3.083 ***	0.065	0.073	2.919 ***
样本量	1614	2125	—	1029	1252	—

注：DA1 为审计质量，使用修正琼斯（Jones）模型计算的可操控性应计衡量，DA2 为审计质量，使用原始琼斯模型计算的可操控性应计衡量。*** 分别表示双尾显著性水平为 1%。

三、回归结果分析

（一）审计师关注度与审计质量：声誉驱动 V. S. 薪酬驱动

表 5 - 6 是审计师关注度与审计质量的多元回归结果，其中，列（1）、（3）和列（5）是主要变量的回归结果，列（2）、（4）和列（6）是加入其他控制变量的多元回归结果。在列（1）、（2）中，使用的是基于声誉理论构造的审计师关注度变量（HRD1 和 LRD1），可以看出，高关注度（HRD1）与审计质量的回归系数不显著，表明在审计师审计的所有客户中，对于规模较大和规模中等的客户而言，审计师给予的关注程度没有显著差别，进而审计质量也没有区别。而低关注度（LRD1）与审计质量的回归系数分别为 0.006 和 0.005，分别在 1% 和 5% 的水平上显著为正，表明在审计师审计的所有客户中，相对于规模中等的客户，审计师对于规模较小的客户关注度较低，审计质量也较低[①]。以上结论部分支持了假设 5 - 1，表明审计师对于审计客户存在区别对待的现象，也就是说，审计师对于规模较大和规模中等的客户，分配的关注度无显著差别，但是显著高于规模较小的客户，即声誉理论可以解释审计师关注度的分配决策。

表 5 - 6　　　　　　　　　　审计师关注度与审计质量

变量名	声誉		薪酬		声誉和薪酬	
	(1)	(2)	(3)	(4)	(5)	(6)
HRD1	-0.003 (-1.14)	0.001 (0.58)			0.000 (-0.08)	0.002 (0.72)

---

① 总体上来看，本文的研究结论表明审计师对于规模小的企业倾向于给予较低的关注。但在特定情况下，不排除审计师也会重点关注某一小规模的公司，因为如果该公司的重大错报风险较高甚至舞弊，一旦审计失败，可能会对审计师声誉产生负面影响，进而可能会提高审计师对该公司的关注度。

续表

变量名	声誉		薪酬		声誉和薪酬	
	(1)	(2)	(3)	(4)	(5)	(6)
LRD1	0.006 (2.63)***	0.005 (2.02)**			0.007 (2.72)***	0.006 (2.20)**
HRD2			−0.007 (−2.52)**	−0.001 (−0.23)	−0.006 (−1.92)*	−0.002 (−0.48)
LRD2			0.001 (0.47)	0.000 (0.11)	−0.003 (−1.04)	−0.003 (−0.85)
FIRM		0.000 (0.18)		0.000 (0.86)		0.000 (0.27)
LOSS		−0.001 (−0.34)		−0.001 (−0.31)		−0.001 (−0.32)
SIZE		−0.005 (−3.37)***		−0.005 (−3.53)***		−0.004 (−3.15)***
LEV		0.038 (3.22)***		0.038 (3.24)***		0.038 (3.22)***
AR		−0.005 (−0.32)		−0.004 (−0.31)		−0.005 (−0.33)
INVENT		0.041 (3.28)***		0.041 (3.26)***		0.041 (3.28)***
CURRENT		0.005 (3.45)***		0.005 (3.43)***		0.005 (3.48)***
TENNUE		−0.001 (−2.91)***		−0.001 (−2.89)***		−0.001 (−2.91)***
BIG4		−0.015 (−3.82)***		−0.013 (−3.46)***		−0.015 (−3.71)***
常数项	0.073 (25.20)***	0.139 (5.12)***	0.075 (26.87)***	0.148 (5.29)***	0.073 (25.31)***	0.137 (4.81)***
N	6676	6676	6676	6676	6676	6676
r2_a	0.061	0.086	0.061	0.085	0.062	0.086

注：列（1）、（2）、（5）是未加入控制变量的回归结果，列（2）、（4）、（6）是加入控制变量的回归结果，括号中为经过 Cluster 调整的 T 值；因变量是 DA1，为审计质量，使用修正琼斯（Jones）模型计算的可操控性应计衡量，HRD1 为基于声誉理论的高关注度，LRD1 为基于声誉理论的低关注度，HRD2 为基于薪酬理论的高关注度，LRD2 为基于薪酬理论的低关注度，FIRM 为审计师审计客户数，LOSS 为是否亏损变量，SIZE 为公司规模，LEV 为资产负债率，AR 为应收账款比率，INVENT 为存货比率，CURRENT 为流动比率，TENNUE 为任职期限，BIG4 为是否"四大"变量。＊、＊＊、＊＊＊分别表示双尾显著性水平为10%、5%、1%。年份行业已控制。

列（3）和列（4）中，使用的是基于薪酬理论构造的审计师关注度变量（HRD2和LRD2），可以看出，列（3）中的高关注度（HRD2）与审计质量显著负相关（T值为－2.52），但是当加入了其他控制变量之后，高关注度（HRD2）与审计质量不存在显著的相关关系（T值为－0.23）。与此同时，低关注度（LRD2）与审计质量的关系也不显著。以上结果表明，对于支付不同水平审计费用的客户而言，审计师给予的关注度没有显著差别，审计质量也没有显著差别。也就是说在审计师审计的所有客户中，审计师是否向某一客户投入更多的关注度，不受客户支付审计费用水平的影响，也就是说审计师关注度与客户支付的审计费用水平无关，实证结果不支持假设5－2，即薪酬理论不能解释审计师关注度的分配决策。可能的原因是，事务所对于审计客户的审计收费存在"固化"现象（谌嘉席，2014），即自2001年我国上市公司对外披露审计收费以来，有2858家上市公司连续三年审计费用未发生变化，1336家上市公司连续四年审计费用未发生变化，有的公司甚至11年审计费用未发生变化，由于审计收费长期保持不变，审计师关注度对审计费用水平的变化不敏感，因此薪酬理论对于审计师关注度的解释作用不显著。

此外，本章还将以声誉理论为基础构造的审计师关注度变量（HRD1、LRD1）和以薪酬理论为基础构造的审计师关注度变量（HRD2、LRD2）同时放入模型中进行检验，列（5）和列（6）报告了这一结果。与之前的回归结果类似，在列（6）中，基于声誉构造的低关注度（LRD1）与审计质量的回归系数为0.006，在5%的水平上显著正相关，但基于声誉构造的高关注度（HRD1）与审计质量的回归系数不显著，而基于薪酬构造的高关注度（HRD2）与低关注度（LRD2）变量的回归系数均不显著。

综上所述，声誉理论对于审计师关注度的分配决策具有解释作用，虽然对于规模中等和规模较大的两类客户，审计师分配的关注度差别不显著，审计质量也不存在显著差异，但是对于规模较小的客户，审计师分配的关注度显著低于前两者，进而审计质量也较低。薪酬理论不能解释审计师关注度的分配决策，即审计客户支付的审计费用水平不是影响审计师关注度分配决策的决定性因素。假设 5 – 1 得到验证，而假设 5 – 2 没有得到支持。

（二）审计师特征、关注度与审计质量

本文的研究表明，声誉理论对于审计师关注度的分配决策具有较强的解释能力，因此，本章引入审计师是否在"四大"会计师事务所工作，审计师任期长度等审计师个人特征，并进行分组回归，以进一步考察审计师个人特征对审计师关注度与审计质量的关系的影响。由于之前的研究表明，薪酬理论对于审计师关注度的分配决策解释力较弱，因此此处只考虑基于声誉理论构建的模型（5 – 4）。

表 5 – 7 列（1）中，按照审计师是否在"四大"工作，分为"四大"组和非"四大"组。可以看到，在"四大"组中，高关注度（HRD1）和低关注度（LRD1）变量的回归系数均不显著，表明如果审计师来自"四大"会计师事务所，对于规模不同的客户，分配的关注度没有显著差异，进而审计质量也无显著差异；在非"四大"组中，低关注度（LRD1）的回归系数为 0.005，在 5% 的水平上显著为正，高关注度（HRD1）的回归系数不显著，表明如果审计师来自非"四大"会计师事务所，相对于规模中等和规模较大的客户而言，审计师对于规模较小的客户分配的关注度较低，进而审计质量较低。

列（2）是按照审计师任期长度分组回归的结果。如果审计师的任期时长高于中位数，定义为任期长组，反之定义为任期短组。可以看到，在任期长组中，高关注度（HRD1）和低关注度（LRD1）变量的回归系数均不显著，表明如果审计师的任期较长，当同时参与多个客户的审计工作时，审计师对于不同规模客户的关注程度不存在明显差别，进而在审计质量上的差异也不明显；在任期短组中，低关注度（LRD1）的回归系数为 0.007，在 5% 的水平上显著为正，高关注度（HRD1）的回归系数不显著，表明如果审计师的任职时间较短，相对于规模中等和规模较大的客户而言，审计师对于规模较小的客户分配的关注度较低，进而审计质量较低。

表 5 - 7   审计师特征、关注度与审计质量

变量名	(1) 按审计师是否在"四大"工作		(2) 按审计师任期分组	
	"四大"组	非"四大"组	任期长组	任期短组
HRD1	-0.006 (-1.12)	0.002 (0.91)	0.002 (0.57)	0.001 (0.40)
LRD1	0.009 (1.61)	0.005 (2.05)**	0.002 (0.71)	0.007 (2.14)**
FIRM	-0.002 (-1.38)	0.000 (0.23)	0.000 (-0.44)	0.000 (0.31)
LOSS	0.000 (-0.04)	-0.001 (-0.50)	-0.001 (-0.11)	-0.002 (-0.38)
SIZE	-0.002 (-0.70)	-0.005 (-4.83)***	-0.004 (-2.41)**	-0.005 (-2.75)***
LEV	0.002 (0.10)	0.040 (5.17)***	0.023 (1.68)*	0.051 (3.44)***
AR	-0.069 (-1.83)*	-0.002 (-0.19)	-0.014 (-0.77)	0.005 (0.24)
INVENT	0.092 (3.16)***	0.040 (4.44)***	0.051 (3.48)***	0.033 (1.88)*
CURRENT	0.008 (1.35)	0.006 (5.07)***	0.005 (2.75)***	0.006 (2.98)***
TENNUE	0.000 (-0.12)	-0.001 (-3.42)***		
BIG4			-0.011 (-1.76)*	-0.017 (-3.94)***
常数项	0.078 (1.49)	0.140 (6.82)***	0.139 (3.90)***	0.134 (3.75)***
N	360	6316	3123	3553
r2_a	0.100	0.080	0.086	0.088

注：因变量是 DA1；为审计质量，使用修正琼斯（Jones）模型计算的可操控性应计衡量，HRD1 为基于声誉理论的高关注度，LRD1 为基于声誉理论的低关注度，FIRM 为审计师审计客户数，LOSS 为是否亏损变量，SIZE 为公司规模，LEV 为资产负债率，AR 为应收账款比率，INVENT 为存货比率，CURRENT 为流动比率，TENNUE 为任职期限，BIG4 为是否"四大"变量。括号中为经过 Cluster 调整的 T 值；* 、** 、*** 分别表示双尾显著性水平为 10%、5%、1%。年份行业已控制。

综上所述，声誉理论对于关注度分配决策的解释作用，在非"四大"工作、任期较短的审计师组要强于在"四大"工作、任期较长的审计师组。具体来说，对于规模中等和规模较大的公司，审计师分配的关注度并无显著差异，审计质量上也无显著差异，而对于规模较小的公司，在非"四大"工作、任期短的审计师倾向于给予该类公司较低的关注，进而审计质量也较低。

（三）事务所转型、关注度与审计质量

表5-8是事务所转型、关注度与审计质量的多元回归结果，其中，列（1）是没有考虑控制变量的多元回归结果，列（2）是加入控制变量以后的多元回归结果，综合来看，高关注度与事务所转型的交乘项（HRD1 × LLP）均不显著，回归系数分别为 - 0.004 和 - 0.005，低关注度与事务所转型的交乘项（LRD1 × LLP）在列（1）显著为正，但是在加入控制变量后［列（2）］，交乘项的系数不显著（T值为1.63），可以看出事务所转型对于审计师关注度与审计质量的关系没有显著影响。可能的原因是，我国审计师行业面临的诉讼风险比较低（刘峰和许菲，2002），并且大部分事务所购买了职业责任保险或者计提了职业风险基金（李江涛等，2013），已足够应付审计失败产生的诉讼风险，因此，尽管事务所转型导致诉讼风险增大，审计师反应并不敏感。

表5-8　　　　　　　　事务所转型、关注度与审计质量

变量名	(1) 未考虑控制变量		(2) 考虑控制变量	
	系数	T值	系数	T值
HRD1	- 0.001	(- 0.17)	0.004	(1.06)
LRD1	0.002	(0.79)	0.001	(0.45)
HRD1 × LLP	- 0.004	(- 1.06)	- 0.005	(- 1.12)
LRD1 × LLP	0.008	(1.75)*	0.007	(1.63)
LLP	0.004	(0.84)	0.003	(0.75)
FIRM			0.000	(0.21)

续表

变量名	(1) 未考虑控制变量		(2) 考虑控制变量	
	系数	T 值	系数	T 值
LOSS			−0.001	(−0.35)
SIZE			−0.005	(−3.38)***
LEV			0.038	(3.21)***
AR			−0.005	(−0.36)
INVENT			0.041	(3.27)***
CURRENT			0.005	(3.46)***
TENNUE			−0.001	(−2.87)***
BIG4			−0.015	(−3.76)***
常数项	0.074	(23.82)***	0.14	(5.15)***
N	6676		6676	
r2_a	0.062		0.087	

注：因变量是 DA1，为审计质量，使用修正琼斯（Jones）模型计算的可操控性应计衡量，HRD1 为基于声誉理论的高关注度，LRD1 为基于声誉理论的低关注度，LLP 为特殊普通合伙，FIRM 为审计师审计客户数，LOSS 为是否亏损变量，SIZE 为公司规模，LEV 为资产负债率，AR 为应收账款比率，INVENT 为存货比率，CURRENT 为流动比率，TENNUE 为任职期限，BIG4 为是否"四大"变量。括号中为经过 Cluster 调整的 T 值；*、**、*** 分别表示双尾显著性水平为 10%、5%、1%。年份行业已控制。

第五节 稳健性检验

为了保证结果的可靠性，本章进行了一系列稳健性检验：第一，在正文中本章使用修正琼斯（Jones）模型计算的 DA1 作为因变量，在此处，本章使用原始琼斯模型计算的 DA2 作为因变量，对模型重新回归，原结果依然稳健（见表 5 - 9）。第二，在正文中本章使用 2.0 倍和 0.5 倍作为高关注度和低关注度划分标准，在此处，本章使用 2.5 倍和 0.4 倍作为划分标准，重新回归，原结果依然稳健（见表 5 - 10）。第三，根据以往文献考虑到客户的经济重要性对本章结果可能产生的影响，本章根据陆正飞等的度量，将这一变量（CI）加入本章的回归模型进行检验，原结果依然稳健（见表5–11）。第四，考虑到公司特征可能对基于声誉理论构建的审计师关注度产生干扰，本章对审计师关注度变量（HRD1、LRD1）进行了倾向性匹配（PSM检验），在配对后的样本中重新回归，原文的结果依然稳健（见表5–12）。

表5–9　　　　　　　审计师关注度与审计质量：因变量为DA2

变量名	声誉		薪酬		声誉和薪酬	
	(1)	(2)	(3)	(4)	(5)	(6)
HRD1	-0.003 (-1.07)	0.002 (0.77)			0.000 (0.01)	0.002 (0.97)
LRD1	0.005 (2.33)**	0.004 (1.94)*			0.007 (2.52)**	0.005 (2.24)**
HRD2			-0.007 (-2.54)**	-0.001 (-0.29)	-0.007 (-2.02)**	-0.002 (-0.73)
LRD2			0.000 (0.18)	0.000 (-0.14)	-0.003 (-1.18)	-0.003 (-1.13)
常数项	0.074 (25.42)***	0.136 (7.21)***	0.077 (27.08)***	0.142 (5.07)***	0.075 (25.55)***	0.133 (6.98)***
N	6676	6676	6676	6676	6676	6676
r2_a	0.06	0.088	0.06	0.088	0.061	0.088

注：本表报告了主要变量的回归结果，因变量为DA2，为审计质量，使用原始琼斯（Jones）模型计算的可操控性应计衡量，HRD1为基于声誉理论的高关注度，LRD1为基于声誉理论的低关注度，HRD2为基于薪酬理论的高关注度，LRD2为基于薪酬理论的低关注度，括号中为经过Cluster调整的T值；*、**、***分别表示双尾显著性水平为10%、5%、1%。年份行业已控制。

表 5 - 10　　　　　　审计师关注度与审计质量：改变关注度变量的划分标准

变量名	声誉		薪酬		声誉和薪酬	
	(1)	(2)	(3)	(4)	(5)	(6)
HRD1	-0.002 (-0.85)	0.003 (0.97)			0.001 (0.34)	0.004 (1.28)
LRD1	0.007 (2.65)***	0.005 (1.96)**			0.007 (2.37)**	0.005 (1.79)*
HRD2			-0.01 (-3.03)***	-0.003 (-0.71)	-0.01 (-2.48)**	-0.004 (-1.06)
LRD2			0.003 (1.02)	0.002 (0.82)	-0.001 (-0.30)	0.000 -0.04
常数项	0.073 (25.65)***	0.143 (5.26)***	0.075 (27.12)***	0.142 (4.99)***	0.073 (25.71)***	0.138 (4.84)***
N	6676	6676	6676	6676	6676	6676
r2_a	0.061	0.086	0.061	0.085	0.062	0.086

注：本表报告了主要变量的回归结果，因变量为 DA1，为审计质量，使用修正琼斯（Jones）模型计算的可操控性应计衡量，HRD1 为基于声誉理论的高关注度，LRD1 为基于声誉理论的低关注度，HRD2 为基于薪酬理论的高关注度，LRD2 为基于薪酬理论的低关注度，括号中为经过 Cluster 调整的 T 值；*、**、*** 分别表示双尾显著性水平为 10%、5%、1%。年份行业已控制。

表 5 - 11　　　审计师关注度与审计质量：加入客户经济重要性变量

变量名	声誉		薪酬		声誉和薪酬	
	(1)	(2)	(3)	(4)	(5)	(6)
HRD1	-0.003 (-1.12)	0.001 (0.58)			-0.000 (-0.08)	0.002 (0.72)
LRD1	0.006 (2.63)***	0.005 (2.03)**			0.007 (2.72)***	0.006 (2.21)**
HRD2			-0.007 (-2.49)**	-0.001 (-0.22)	-0.006 (-1.90)*	-0.002 (-0.47)
LRD2			0.001 -0.45	0.000 (0.10)	-0.003 (-1.05)	-0.003 (-0.86)

续表

变量名	声誉		薪酬		声誉和薪酬	
	(1)	(2)	(3)	(4)	(5)	(6)
CI	-0.006 (-0.55)	-0.005 (-0.48)	-0.005 (-0.51)	-0.004 (-0.42)	-0.005 (-0.50)	-0.005 (-0.49)
常数项	0.059 (22.21)***	0.128 (4.59)***	0.060 (22.39)***	0.137 (4.75)***	0.059 (22.17)***	0.126 (4.31)***
N	6676	6676	6676	6676	6676	6676
r2_a	0.061	0.086	0.061	0.085	0.062	0.086

注：本表报告了主要变量的回归结果，因变量为 DA1，为审计质量，使用修正琼斯（Jones）模型计算的可操控性应计衡量，HRD1 为基于声誉理论的高关注度，LRD1 为基于声誉理论的低关注度，HRD2 为基于薪酬理论的高关注度，LRD2 为基于薪酬机理论的低关注度，CI 为客户经济重要性变量。括号中为经过 Cluster 调整的 T 值；*、**、*** 分别表示双尾显著性水平为 10%、5%、1%。年份行业已控制。

表 5 - 12　　　　审计师关注度与审计质量：倾向性匹配结果

变量名	系数	T 值
High_Low_Reputation	-0.008	(-1.86)*
FIRM	0.000	(0.21)
LOSS	0.007	(0.85)
SIZE	-0.001	(-0.29)
LEV	0.017	(0.75)
AR	0.007	(0.24)
INVENT	0.070	(2.80)***
CURRENT	0.006	(2.03)**
TENNUE	-0.000	(-0.84)
BIG4	-0.015	(-1.85)*
常数项	0.073	(1.07)
N	1342	
r2_a	0.070	

注：对于虚拟变量 High_Low_Reputation，基于声誉理论的高关注度组（HRD1 = 1），等于 1，基于声誉理论的低关注度组（LRD1 = 1），等于 0。因变量为 DA1，为审计质量，使用修正琼斯（Jones）模型计算的可操控性应计衡量，FIRM 为审计师审计客户数，LOSS 为是否亏损变量，SIZE 为公司规模，LEV 为资产负债率，AR 为应收账款比率，INVENT 为存货比率，CURRENT 为流动比率，TENNUE 为任职期限，BIG4 为是否"四大"变量。括号中为经过 Cluster 调整的 T 值；*、**、*** 分别表示双尾显著性水平为 10%、5%、1%。年份行业已控制。

第六节　小　　结

在时间预算和工作强度的双重压力下，审计师的时间和精力分配问题是一个值得关注的话题。以对 2010～2014 年沪深 A 股上市公司进行审计的签字注册会计师为研究样本，本章深入探讨了审计师层面关注度的分配问题，以及背后的影响机理。研究发现，审计师对于审计客户存在区别对待现象，并主要由声誉理论解释，薪酬理论的解释作用较弱，即与客户支付的审计费用水平无关。具体来说，在声誉理论下，审计师的客户当中，对于规模较大和规模中等的客户，审计师分配的关注度差别不明显，但却显著高于规模较小的客户，因此前两类规模的客户，其审计质量高于规模较小的客户的审计质量。并且这一现象在非"四大"工作和任期短的审计师组中表现更为明显，但与事务所采用何种所有制性质无关。

本章的研究具有如下政策意义：首先，鉴于审计师关注度高低会影响审计质量，对于其关注度较低的审计客户，事务所应当制定相应的激励措施，保证审计师的工作积极性，进而保质保量完成审计任务、提高审计质量。其次，审计师也应当提高工作效率，尽可能保证公平对待每一位审计客户，减小各审计客户之间审计质量的差异。最后，根据审计师关注度的不同，投资者也应当提高对于财务报告的鉴别能力，识别高质量和低质量的审计报告，做出正确的投资决策。

第六章

结　　论

本书在回顾以往文献的基础上，从独立董事、分析师和审计师三类监督人的角度，分别考察了他们对于上市公司关注度的分配决策问题及其背后的影响机理。在前述章节的基础上，对全书进行了概括性总结，并指出了本文研究的现实意义。

一、研究结论

以往文献研究外部监督人在公司治理中的作用时，往往注重从公司层面考察监督人跟踪数量多寡对于上市公司财务状况、经营成果的影响，却忽略了对监督人本身特质的分析。也就是说以往大多数学者们仅研究了公司层面监督人关注度的高低所产生的经济后果，即一家公司受多少个监督人关注，进而会对公司的财务政策产生怎样的影响。然而这类研究并没有将监督人关注度与其自身特质进行区别，得出的结论不仅与监督人的数量有关，还受到监督人个人特征的噪音干扰，进而出现了很多相反甚至矛盾的结论。因此，仅从公司层面研究这些监督人的关注度使得我们无法观察到他们背后的行为决策机制。

在外部监督人同时负责多个上市公司的工作时，一方面，为了维护自身的声誉和形象，要对每一家上市公司投入足够的时间和精力，以保证工作的质量；另一方面，又迫于时间精力的限制，难以面面俱到出现顾此失彼的现象。在这样的情况下，监督人可能面临着两难的抉择：是对上市公司一视同仁，投入相等的时间和精力？还是区别对待，有所侧重？如果存在区别对待的现象，又是什么因素驱使或起决定性作用？目前对于监督人个人层面的关注度分配决策问题，学界的理解还十分有限，本书从这些问题入手，重新审视并讨论了独立董事、分析师和审计师三类监督人的关注度分配决策问题，发现他们对于上市公司投入的关注度存在差异，有所侧重，即存在区别对待上市公司的现象。具体结论如下：

首先，本书考察了独立董事关注度的分配决策问题。第一，通过构建独立董事个人层面的关注度指标，本书检验了独立董事关注度对于独立董事勤勉程度的影响。研究发现，独立董事对于上市公司投入关注程度的高低，主要受到声誉理论的激励和制约，而取得薪酬的高低并不是独立董事关注度的决定因素。更具体地，在兼职独立董事任职的数家公司中，对于相对规模较小的公司，独立董事出席会议的意愿较低，投入的时间和精力较少，即独立董事的关注程度较低；而对于高规模的公司和中等规模的公司，独立董事出席会议的意愿较高，投入的时间和精力较多，即独立董事的关注程度较高。而基于薪酬构建的关注度变量均与勤勉度不存在显著的相关关系。这表明兼职独立董事对上市公司存在区别对待现象，并主要受公司声誉水平的影响，而与独立董事从上市公司获得的薪酬水平无关。第二，本书考察了独立董事性别、年龄与学历等个人特征对于独立董事关注度分配决策的增量影响。具体来看，相对于男性、年长和高学历的独立董事来说，女性、年轻和低学历独立董事的关注度分配决策更容易受到声誉理论的影响。即对于低规模的公司，女性、年轻和低学历的独立董事出席会议的次数较少，投入的关注度也较少，区别对待上市公司的现象更为严重。第三，本书还考察了企业信息环境对于独立董事关注度分配决策的调节作用。本文以信息不透明程度为企业信息环境的替代变量，研究发现，在不透明度较高的低规模公司中，独立董事关注度与勤勉度的正相关关系会减弱。表明信息不透明程度会对独立董事关注度的分配决策产生影响，即在独立董事任职的数家公司中，对于关注度较低的公司，随着信息不透明程度的增高，独立董事会提高对于该公司的关注程度，进而增加出席率。

其次，本书考察了分析师关注度的分配决策问题。第一，通过构建分析师个人层面的关注度指标，本书检验了分析师关注度对于分析师预测数量和预测精度的影响。研究发现，分析师对于上市公司投入关注程度的高低，主要受到声誉理论的激励和制约。更具体地，对于规模较大的公司，分析师投入的关注度较高，发布盈余预测的数量较多也更精确；而对于规模较小的公司，分析师投入的关注度较低，发布盈余预测的数量较少、较为粗略。也就是说，分析师对于上市公司关注度的分配决策，受声誉理论的影响，即对于能为分析师带来较高声誉的公司，分析师分配更多的时间和精力，给予的关注度较高，反之，则给予的关注度较低。第二，本书考察了是明星分析师对于关注度分配决策的增量影响。具体来看，与非明星分析师相比，对于相对规模较大的公司，明星分析师投入的关注度较高，发布盈余预测的数量更多、更精确，但是对于相对规模较小的公司，明星分析师与非明星分析师在预测数量和精度方面没有差别。

最后，本书考察了审计师关注度的分配决策问题。第一，通过构建审计师个人层面的关注度指标，本书检验了审计师关注度对于审计质量的影响。研究发现，在审计师的所有客户中，对于规模较大和规模中等的客户而言，审计师投入的关注度没有显著差别，进而审计质量也没有显著区别。而对于规模较小的客户，审计师投入的关注度较低，审计质量也较低。即声誉理论会影响审计师关注度的分配决策。对于支付不同水平审计费用的客户而言，审计师投入的关注度没有显著差别，审计质量也没有显著差别，即薪酬理论不影响审计师关注度的分配决策。第二，本书考察了审计师是否在"四大"工作和审计师任期等个人特征对于审计师关注度分配决策的增量影响。研究表明，相对于在"四大"工作、任期较长的审计师来说，在非"四大"工作、任期较短的审计师更容易受到声誉理论的影响。具体来说，对于规模中等和规模较大的公司，审计师分配的关注度并无显著差异，审计质量上也无显著差异；而相对于前两者，在非"四大"工作、任期短的审计师对于规模较小的公司，倾向于投入较低的关注，进而审计质量也较低。第三，本书还考察了事务所转制对于审计师关注度分配决策的调节作用。结果发现，事务所转型对于审计师关注度与审计质量的关系没有显著影响。可能的原因是，我国审计师行业面临的诉讼风险比较低，并且大部分事务所已经购买了职业责任保险或者计提了职业风险基金，足够应付审计失败产生的诉讼风险，因此尽管事务所转型导致诉讼风险增大，审计师反应并不敏感。

二、现实应用价值

首先，对于独立董事而言，（1）2014年9月15日，中国上市公司协会发布了《上市公司独立董事履职指引》，第五条明确规定，独立董事应当确保有足够的时间和精力有效履行职责，原则上最多在五家上市公司兼任独立董事。而本书的结论表明，兼职独立董事对于上市公司并非一视同仁，而是策略性地分配时间和精力；（2）本书结论发现，对于规模较小的公司，兼职独立董事的关注度较低。因此，为保障独立董事履行职责，对于规模较大的公司，应当保持自己的优势，吸引独立董事更好地发挥监督和咨询的作用；对于规模较小的公司，应当考虑聘用非兼职的独立董事。而对于兼职独立董事，公司可以考虑进一步采取强化激励措施，提高公司在该独立董事的任职公司中的优先次序。（3）本书的研究结论可以为上市公司选择正确的方法激励独立董事提供政策依据。当前媒体经常以"天价薪酬""不作为""花瓶"等字眼来形容独立董事，本书的研究证实了薪酬不是影响独立董事勤勉度的主要因素，表明上市公司应当调整当前对于独立董事支付薪酬的方式，并设立全面合理的激励制度，切实促进独立董事更好地在上市公司发挥作用。

其次，对于分析师而言，（1）鉴于分析师对于关注度不同的公司所提供的盈余预测存在数量和质量上的差异，因此，投资者应善于分辨和拣选分析师提供的各类预测信息，从而进行合理的投资决策。例如，对于跟踪多家上市公司的分析师出具的分析报告，投资者应当考虑其分析报告质量的差异性，更具体地，对于分析师针对规模较小的公司出具的分析或预测，应当考虑公司声誉对于分析师预测精度带来的负面影响。（2）分析师应提高工作效率，尽可能保证公正公平地对待每一家上市公司，进而保质保量地提供有关上市公司的盈余预测。例如，现有的分析师薪酬大多来自于券商佣金的提成，证券公司应当考虑将分析师的预测精度纳入薪酬的考核范围，从而引导分析师尽可能地对上市公司一视同仁，从而提高分析预测精度。（3）上市公司应努力提高自身的声誉，以提高自身的相对地位，从而获得分析师的更高关注。一方面，企业应当"苦练内功"，增强自身盈利能力，提高公司股价与市场价值，增强对于分析师的吸引程度；另一方面，企业应当加强对于分析师的信息沟通，增强公司透明度。例如，鼓励分析师对于公司进行电话访问和实地调研，从而强化与分析师之间的信息交流，避免自身的股票被市场低估，促进公司股票的流动性及公司的健康发展。

最后，对于审计师而言，（1）鉴于审计师关注度不同会影响审计质量，对于其关注程度较低的客户，事务所应当制定相应的激励措施，保证审计师的工作积极性，进而保质保量完成审计任务，以提高审计质量。（2）审计师也应当提高工作效率，尽可能保证公平对待每一位审计客户，减小各审计客户之间审计质量的差异。（3）根据审计师关注度的不同，投资者也应当提高对于财务报告的鉴别能力，识别高质量和低质量的审计报告，做出正确的投资决策。

参 考 文 献

[1] 白晓宇：《上市公司信息披露政策对分析师预测的多重影响研究》，载于《金融研究》2009 年第 4 期，第 93～112 页。

[2] 蔡利、郑倩雯、蔡春：《共享审计师能降低分析师预测偏差吗？——来自中国 A 股上市公司的经验证据》，载于《审计研究》2018 年第 1 期，第 86～93 页。

[3] 蔡庆丰、陈娇：《证券分析师缘何复述市场信息——基于市场反应的实证检验与治理探讨》，载于《中国工业经济》2011 年第 7 期，第 140～149 页。

[4] 蔡庆丰、杨侃：《是谁在"捕风捉影"机构投资者证券分析师——基于股信息交易者信息偏好的实证研究》，载于《金融研究》2013 年第 6 期，第 193～206 页。

[5] 蔡卫星、曾诚：《公司多元化对证券分析师关注度的影响》，载于《财务与会计》2010 年第 4 期，第 125～133 页。

[6] 曹伦、陈维：《独立董事履职影响因素与上市公司违规行为的关系实证研究》，载于《软科学》2008 年第 11 期，第 127～131 页。

[7] 曹强、葛晓舰：《事务所任期、行业专门化与财务重述》，载于《审计研究》2009 年第 6 期，第 59～68 页。

[8] 曹强、胡南薇、王良成：《客户重要性，风险性质与审计质量——基于财务重述视角的经验证据》，载于《审计研究》2012 年第 6 期，第 60～69 页。

[9] 曹新伟、洪剑峭、贾琬娇：《分析师实地调研与资本市场信息

效率——基于股价同步性的研究》，载于《经济管理》2015 年第 8 期，第 141～150 页。

[10] 陈关亭、朱松、黄小琳：《审计师选择与会计信息质量的替代性研究——基于稳健性原则对信用评级影响视角》，载于《审计研究》2014 年第 5 期，第 77～85 页。

[11] 陈丽红、张龙平：《慈善基金会特征，审计师选择与捐赠决策》，载于《审计研究》2014 年第 5 期，第 68～72 页。

[12] 陈钦源、马黎珺、伊志宏：《分析师跟踪与企业创新绩效——中国的逻辑》，载于《南开管理评论》2017 年第 3 期，第 15～27 页。

[13] 陈睿、王治、段从清：《独立董事"逆淘汰"效应研究——基于独立意见的经验证据》，载于《中国工业经济》2015 年第 8 期，第 145～160 页。

[14] 陈运森、谢德仁：《网络位置，独立董事治理与投资效率》，载于《管理世界》2011 年第 7 期，第 113～127 页。

[15] 陈运森：《独立董事的网络特征与公司代理成本》，载于《管理世界》2012 年第 1 期，第 67～76 页。

[16] 谌嘉席：《审计收费"固化"成因探究》，载于《中国会计评论》2014 年第 6 期，第 199～228 页。

[17] 储一昀、仓勇涛、李常安：《定向增发中的会计业绩效应与财务分析师信息预示》，载于《会计研究》2017 年第 3 期，第 39～45 页。

[18] 醋卫华：《独立董事的价值：来自独立董事集中辞职的证据》，载于《经济管理》2015 年第 3 期，第 56～66 页。

[19] 戴亦一、陈冠霖、潘健平：《独立董事辞职，政治关系与公司治理缺陷》，载于《会计研究》2014 年第 11 期，第 16～23 页。

[20] 戴亦一、潘越、陈芬：《媒体监督，政府质量与审计师变更》，载于《会计研究》2013 年第 10 期，第 89～95 页。

[21] 邓晓飞、辛宇、滕飞：《官员独立董事强制辞职与政治关联丧失》，载于《中国工业经济》2016 年第 2 期，第 130～145 页。

［22］董大勇、张尉、赖晓东、刘海斌：《谁领先发布：中国证券分析师领先——跟随影响因素的实证研究》，载于《财务与会计》2012 年第 5 期，第 56～63 页。

［23］董小红、李哲、王放：《或有事项信息披露有利于分析师预测吗?》，载于《经济管理》2015 年第 10 期，第 96～105 页。

［24］窦欢、王会娟：《私募股权投资与证券分析师新股关注》，载于《会计研究》2015 年第 2 期，第 44～50 页。

［25］杜兴强、侯菲、赖少娟：《交通基础设施改善抑制了审计师选择的"地缘偏好"吗?——基于中国高速列车自然实验背景的经验证据》，载于《审计研究》2018 年第 1 期，第 103～111 页。

［26］杜兴强、周泽将、杜颖洁：《政治联系，审计师选择的"地缘"偏好与审计意见》，载于《审计研究》2011 年第 2 期，第 77～86 页。

［27］杜兴强、周泽将：《政治联系与审计师选择》，载于《审计研究》2010 年第 2 期，第 47～53 页。

［28］方红星、戴捷敏：《公司动机，审计师声誉和自愿性内部控制鉴证报告——基于 A 股公司 2008～2009 年年报的经验研究》，载于《会计研究》2012 年第 2 期，第 87～95 页。

［29］方红星、张勇：《供应商/客户关系型交易，盈余管理与审计师决策》，载于《会计研究》2016 年第 1 期，第 79～96 页。

［30］方军雄、洪剑峭、李若山：《我国上市公司审计质量影响因素研究：发现和启示》，载于《审计研究》2004 年第 6 期，第 35～43 页。

［31］高凤莲、王志强：《独立董事个人社会资本异质性的治理效应研究》，载于《中国工业经济》2016 年第 3 期，第 146～160 页。

［32］高凤莲、王志强：《独立董事社会资本与高管薪酬——绩效敏感度》，载于《经济管理》2016 年第 8 期，第 82～97 页。

［33］高敬忠、周晓苏：《信息不对称，董事会特征与管理层盈余预告披露选择》，载于《财经论丛》2009 年第 5 期，第 74～80 页。

［34］高瑜彬、廖芬、刘志洋：《异常审计费用与证券分析师盈余预

测有效性——基于我国 A 股上市公司的证据》，载于《审计研究》2017年第 4 期，第 81~88 页。

[35] 宫义飞、郭兰：《分析师跟踪，所有权限制与融资约束——基于不同产权主体的研究》，载于《经济管理》2012 年第 1 期，第 129~137 页。

[36] 龚启辉、李志军、王善平：《资源控制权与审计师轮换的治理效应》，载于《审计研究》2011 年第 5 期，第 73~81 页。

[37] 龚启辉、王善平：《审计师轮换规制效果的比较研究》，载于《审计研究》2009 年第 3 期，第 81~90 页。

[38] 何威风、刘巍：《公司为什么选择法律背景的独立董事》，载于《会计研究》2014 年第 7 期，第 149~160 页。

[39] 何熙琼、尹长萍：《企业战略差异度能否影响分析师盈余预测——基于中国证券市场的实证研究》，载于《南开管理评论》2018年第 2 期，第 149~159 页。

[40] 何贤杰、孙淑伟、曾庆生：《券商背景独立董事与上市公司内幕交易》，载于《财经研究》2014 年第 8 期，第 67~80 页。

[41] 何贤杰、孙淑伟、朱红军、牛建军：《证券背景独立董事，信息优势与券商持股》，载于《管理世界》2014 年第 3 期，第 148~188 页。

[42] 洪剑鞘、张晓斐、苏超：《上市公司业绩变动与分析师预测行为》，载于《投资研究》2013 年第 8 期，第 113~128 页。

[43] 洪金明、徐玉德、李亚茹：《信息披露质量，控股股东资金占用与审计师选择》，载于《审计研究》2011 年第 2 期，第 107~112 页。

[44] 胡本源：《重要客户损害了审计独立性吗？——来自中国证券市场的经验证据》，载于《财贸研究》2008 年第 5 期，第 123~131 页。

[45] 胡勤勤、沈艺峰：《独立外部董事能否提高上市公司的经营业绩》，载于《世界经济》2002 年第 7 期，第 55~62 页。

[46] 胡奕明、唐松莲：《独立董事与上市公司盈余信息质量》，载于《管理世界》2008 年第 9 期，第 149~160 页。

[47] 胡元木、刘佩、纪端：《技术独立董事能有效抑制真实盈余管理吗——基于可操控 R&D 费用视角》，载于《会计研究》2016 年第 3 期，第 29～35 页。

[48] 黄俊、黄超、位豪强、王敏：《卖空机制提高了分析师盈余预测质量吗——基于融资融券制度的经验证据》，载于《南开管理评论》2018 年第 2 期，第 135～148 页。

[49] 黄霖华、曲晓辉：《证券分析师评级，投资者情绪与公允价值确认的价值相关性——来自中国 A 股上市公司可供出售金融资产的经验证据》，载于《会计研究》2014 年第 7 期，第 18～96 页。

[50] 蒋心怡、陶存杰：《强制轮换后重修旧好：签字注册会计师重新上任的效果研究》，载于《审计研究》2016 年第 3 期，第 105～112 页。

[51] 酒莉莉、刘媛媛：《审计师—客户匹配度，审计师变更与审计费用》，载于《审计研究》2018 年第 2 期，第 64～71 页。

[52] 雷光勇、邱保印、王文忠：《社会信任，审计师选择与企业投资效》，载于《审计研究》2014 年第 4 期，第 72～80 页。

[53] 李常清、赖建清：《董事会特征影响公司绩效吗》，载于《金融研究》2004 年第 5 期，第 64～77 页。

[54] 李春涛、胡宏兵、谭亮：《中国上市银行透明度研究——分析师盈利预测和市场同步性的证据》，载于《金融研究》2013 年第 6 期，第 118～132 页。

[55] 李春涛、宋敏、张璇：《分析师跟踪与企业盈余管理》，载于《金融研究》2014 年第 7 期，第 124～139 页。

[56] 李春涛、赵一、徐欣、李青原：《按下葫芦浮起瓢：分析师跟踪与盈余管理途径选择》，载于《金融研究》2016 年第 4 期，第 144～157 页。

[57] 李丹、袁淳、廖冠民：《卖空机制与分析师乐观性偏差——基于双重差分模型的检验》，载于《会计研究》2016 年第 9 期，第 25～31 页。

[58] 李江涛、宋华杨、邓迦予：《会计师事务所转制政策对审计定价的影响》，载于《审计研究》2013 年第 2 期，第 99 ~ 105 页。

[59] 李丽青：《分析师盈利预测能表征"市场预期盈利"吗？——来自中国 A 股市场的经验证据》，载于《南开管理评论》2012 年第 6 期，第 44 ~ 50 页。

[60] 李丽青：《新财富评选的最佳分析师可信吗？——基于盈余预测准确度和预测修正市场反应的经验证据》，载于《投资研究》2012 年第 7 期，第 54 ~ 64 页。

[61] 李琳、张敦力：《分析师跟踪，股权结构与内部人交易收益》，载于《会计研究》2017 年第 1 期，第 53 ~ 96 页。

[62] 李维安、徐建：《董事会独立性，总经理继任与战略变化幅度——独立董事有效性的实证研究》，载于《南开管理评论》2014 年第 1 期，第 4 ~ 13 页。

[63] 李馨子、肖土盛：《管理层业绩预告有助于分析师盈余预测修正吗》，载于《南开管理评论》2015 年第 4 期，第 30 ~ 38 页。

[64] 李祎、刘启亮、李洪：《IFRS，财务分析师，机构投资者和权益资本成本——基于信息治理观视角》，载于《会计研究》2016 年第 10 期，第 26 ~ 33 页。

[65] 李长爱、申慧慧：《我国注册会计师行业监管效率研究》，载于《审计研究》2008 年第 5 期，第 74 ~ 80 页。

[66] 李志辉、杨思静、孟焰：《独立董事兼任：声誉抑或忙碌——基于债券市场的经验证据》，载于《审计研究》2017 年第 5 期，第 96 ~ 103 页。

[67] 林晚发、李国平、王海妹、刘蕾：《分析师预测与企业债券信用利差》，载于《会计研究》2013 年第 8 期，第 69 ~ 75 页。

[68] 刘斌、刘睿、王雷：《契约执行环境，审计师变更与债务融资》，载于《审计研究》2015 年第 5 期，第 31 ~ 34 页。

[69] 刘成立：《时间压力下的注册会计师行为——来自一个全国性

事务所的调查证据》，载于《审计研究》2008 年第 2 期，第 79~85 页。

[70] 刘诚、杨继东、周斯洁：《社会关系，独立董事任命与董事会独立性》，载于《世界经济》2012 年第 12 期，第 83~101 页。

[71] 刘诚、杨继东：《独立董事的社会关系与监督功能——基于 CEO 被迫离职的证据》，载于《财经研究》2013 年第 1 期，第 16~26 页。

[72] 刘峰、许菲：《风险导向型审计法律风险审计质量》，载于《会计研究》2002 年第 2 期，第 21~27 页。

[73] 刘浩、李灏、金娟：《不对称的声誉机制与独立董事市场需求》，载于《财经研究》2014 年第 4 期，第 66~78 页。

[74] 刘浩、唐松、楼俊：《独立董事：监督还是咨询？——银行背景独立董事对企业信贷融资影响研究》，载于《管理世界》2012 年第 1 期，第 141~169 页。

[75] 刘明辉、韩小芳：《财务舞弊公司董事会变更及其对审计师变更的影响》，载于《会计研究》2011 年第 3 期，第 81~95 页。

[76] 刘启亮、郭俊秀、汤雨颜：《会计事务所组织形式，法律责任与审计质量——基于签字审计师个体层面的研究》，载于《会计研究》2015 年第 4 期，第 86~94，96 页。

[77] 刘少波、彭绣梅：《公平信息披露与分析师预测精度》，载于《证券市场导报》2012 年第 3 期，第 33~38 页。

[78] 刘笑霞、李明辉：《代理冲突，董事会质量与"污点"审计师变更》，载于《会计研究》2013 年第 11 期，第 67~96 页。

[79] 刘笑霞：《审计师惩戒与审计定价：基于中国证监会一年行政处罚案的研究》，载于《审计研究》2013 年第 2 期，第 90~98 页。

[80] 刘永泽、高嵩：《信息披露质量，分析师行业专长与预测准确性——来自我国深市 A 股的经验证据》，载于《会计研究》2014 年第 12 期，第 60~65 页。

[81] 陆正飞、王春飞、伍利娜：《制度变迁，集团客户重要性与非标准审计意见》，载于《会计研究》2012 年第 10 期，第 71~78 页。

［82］逯东、谢璇、杨丹：《独立董事官员背景类型与上市公司违规研究》，载于《会计研究》2017年第8期，第55～95页。

［83］罗进辉、黄泽悦、朱军：《独立董事地理距离对公司代理成本的影响》，载于《中国工业经济》2017年第8期，第100～119页。

［84］罗进辉：《独立董事的明星效应：基于高管薪酬——业绩敏感性的考察》，载于《南开管理评论》2014年第3期，第62～73页。

［85］吕伟、于旭辉：《客户依赖、审计师独立性与审计质量——来自上市公司的经验证据》，载于《财贸研究》2009年第3期，第128～133页。

［86］马如静、蒙小兰、唐雪松：《独立董事兼职席位的信号功能——来自IPO市场的证据》，载于《南开管理评论》2015年第4期，第82～95页。

［87］马如静、唐雪松：《学者背景独立董事，公司业绩与CEO变更》，载于《财经科学》2016年第9期，第77～87页。

［88］潘克勤：《客户重要性与审计质量》，载于《经济经纬》2007年第4期，第71～74页。

［89］潘越、戴亦一、林超群：《信息不透明，分析师关注与个股暴跌风险》，载于《金融研究》2011年第9期，第138～151页。

［90］丘心颖、郑小翠、邓可斌：《分析师能有效发挥专业解读信息的作用吗？——基于汉字年报复杂性指标的研究》，载于《经济学（季刊）》2016年第7期，第1483～1506页。

［91］曲晓辉、毕超：《会计信息与分析师的信息解释行为》，载于《会计研究》2016。

［92］权小锋、陆正飞：《投资者关系管理影响审计师决策吗？——基于A股上市公司投资者关系管理的综合调查》，载于《会计研究》2016年第2期，第73～96页。

［93］全怡、陈冬华、李真：《独立董事身份提高了分析师的预测质量吗？》，载于《财经研究》2014年第11期，第97～107页。

[94] 全怡、陈冬华：《多席位独立董事的精力分配与治理效应——基于声誉与距离的角度》，载于《会计研究》2016 年第 12 期，第 29 ~ 36 页。

[95] 全怡、李四海、梁上坤：《异地上市公司的政治资源获取——基于聘请北京独立董事的考察》，载于《会计研究》2017 年第 11 期，第 58 ~ 64 页。

[96] 全怡、陈冬华：《法律背景独立董事：治理、信号还是司法庇护？——基于上市公司高管犯罪的经验证据》，载于《财经科学》2017 年第 2 期，第 34 ~ 47 页。

[97] 全怡：《IPO 公司董秘职业背景，分析师首次跟踪与公司市值管理》，载于《经济管理》2018 年第 2 期，第 140 ~ 161 页。

[98] 冉明东、王艳艳、杨海霞：《受罚审计师的传染效应研究》，载于《会计研究》2016 年第 12 期，第 85 ~ 96 页。

[99] 尚兆燕、扈唤：《独立董事主动辞职，内部控制重大缺陷及非标审计意见——来自中国上市公司的经验证据》，载于《审计研究》2016 年第 1 期，第 94 ~ 100 页。

[100] 申慧慧、汪泓、吴联生：《本地审计师的合谋效应》，载于《会计研究》2017 年第 2 期，第 83 ~ 90 页。

[101] 沈艺峰、王夫乐、陈维：《"学院派"的力量来自具有学术背景独立董事的经验证据》，载于《经济管理》2016 年第 5 期，第 176 ~ 186 页。

[102] 宋乐、张然：《上市公司高管证券背景影响分析师预测吗？》，载于《金融研究》2010 年第 6 期，第 112 ~ 123 页。

[103] 苏治、魏紫：《企业无形资产资本化与分析师盈余预测：理论分析与实证检验》，载于《会计研究》2013 年第 7 期，第 70 ~ 76 页。

[104] 孙亮、刘春：《公司为什么聘请异地独立董事？》，载于《管理世界》2014 年第 9 期，第 131 ~ 142 页。

[105] 谭松涛、崔小勇：《上市公司调研能否提高分析师预测精

度》，载于《世界经济》2015 年第 4 期，第 110~121 页。

[106] 谭松涛、甘顺利、阚银：《媒体报道能够降低分析师预测偏差吗?》，载于《金融研究》2015 年第 5 期，第 192~206 页。

[107] 谭跃、钟子英、管总平：《公平信息披露规则能缓解证券分析师的利益冲突吗》，载于《南开管理评论》2013 年第 16 期，第 43~54 页。

[108] 唐清泉、曾诗韵：《审计师提供并购尽职调查会影响财务报表的审计质量吗?》，载于《审计研究》2018 年第 1 期，第 94~102 页。

[109] 唐跃军：《审计质量 VS. 信号显示——终极控制权，大股东治理战略与审计师选择》，载于《金融研究》2011 年第 5 期，第 139~155 页。

[110] 万良勇、胡璟：《网络位置，独立董事治理与公司并购——来自中国上市公司的经验证据》，载于《南开管理评论》2014 年第 2 期，第 64~73 页。

[111] 王百强、伍利娜：《审计师对采用差异化战略的客户区别对待了吗》，载于《审计研究》2017 年第 5 期，第 54~61 页。

[112] 王兵、魏静宜、苏文兵：《强制审计师任命与审计质量关系：基于国资委统一选聘的证据》，载于《经济管理》2010 年第 12 期，第 111~117 页。

[113] 王兵：《独立董事监督了吗?——基于中国上市公司盈余质量的视角》，载于《金融研究》2007 年第 1 期，第 109~121 页。

[114] 王成方、刘慧龙：《国有股权与公司 IPO 中的审计师选择行为及动机》，载于《会计研究》2014 年第 6 期，第 89~95 页。

[115] 王帆、张龙平：《审计师声誉研究：述评与展望》，载于《会计研究》2012 年第 11 期，第 74~78 页。

[116] 王凤华、张晓明：《独立董事对上市公司关联交易盈余管理行为制约研究》，载于《软科学》2010 年第 6 期，第 115~119 页。

[117] 王凯、武立东、许金花：《专业背景独立董事对上市公司

大股东掏空行为的监督功能》，载于《经济管理》2016 年第 11 期，第 72~91 页。

[118] 王攀娜、罗宏：《放松卖空管制对分析师预测行为的影响——来自中国准自然实验的证据》，载于《金融研究》2017 年第 11 期，第 191~206 页。

[119] 王文姣、夏常源、傅代国、何娜：《独立董事网络，信息双向传递与公司被诉风险》，载于《管理科学》2017 年第 7 期，第 63~82 页。

[120] 王雄元、李岩琼、肖忞：《年报风险信息披露有助于提高分析师预测准确度吗》，载于《会计研究》2017 年第 10 期，第 37~44 页。

[121] 王烨：《股权控制链，代理冲突与审计师选择》，载于《会计研究》2009 年第 6 期，第 65~73 页。

[122] 王玉涛、陈晓、侯宇：《国内证券分析师的信息优势：地理邻近性还是会计准则差异》，载于《会计研究》2010 年第 12 期，第 34~40 页。

[123] 王玉涛、王彦超：《业绩预告信息对分析师预测行为有影响吗》，载于《金融研究》2012 年第 6 期，第 193~206 页。

[124] 王跃堂、赵子夜、魏晓雁：《董事会独立性是否影响公司绩效》，载于《经济研究》2006 年第 5 期，第 62~73 页。

[125] 王跃堂、赵子夜：《股权结构影响审计意见吗？来自沪深股市的经验证》，载于《中国南开管理评论研究》2003 年第 4 期，第 1~50 页。

[126] 魏成龙、郑军：《中国独立董事制度与公司绩效的关系——基于中国医药制造业上市公司 2003~2008 年数据的分析》，载于《经济管理》2009 年第 9 期，第 49~54 页。

[127] 吴冬梅、刘运国：《捆绑披露是隐藏坏消息吗——来自独立董事辞职公告的证据》，载于《会计研究》2012 年第 12 期，第 19~25 页。

[128] 吴昊旻、吴春贤、杨兴全：《惩戒风险，事务所规模与审计质量——来自中国审计市场的经验证据》，载于《审计研究》2015 年第

1 期，第 75～83 页。

[129] 吴水澎、庄莹：《审计师选择与设立审计委员会的自选择问题》，载于《审计研究》2008 年第 2 期，第 47～54 页。

[130] 吴伟禾、李晶晶、包晓风：《签字注册会计师过度自信，政府监管与审计质量研究》，载于《审计研究》2017 年第 5 期，第 70～86 页。

[131] 吴伟荣、刘亚伟：《公共压力与审计质量——基于会计师事务所规模视角的研究》，载于《审计研究》2015 年第 3 期，第 82～90 页。

[132] 吴锡皓、胡国柳：《不确定性，会计稳健性与分析师盈余预测》，载于《会计研究》2015 年第 9 期，第 27～36 页。

[133] 吴溪、王晓、姚远：《从审计师成为客户高管：对旋转门现象的一项案例研究》，载于《会计研究》2010 年第 11 期，第 72～80 页。

[134] 吴育辉、吴世农：《企业管理者自利行为及其影响因素研究——来自我国上市公司股权激励草案的证据》，载于《管理世界》2010 年第 5 期，第 141～149 页。

[135] 伍利娜、王春飞、陆正飞：《企业集团审计师变更与审计意见购买》，载于《审计研究》2013 年第 1 期，第 70～78 页。

[136] 伍燕然、潘可、胡松明、江婕：《行业分析师盈利预测偏差的新解释》，载于《经济研究》2012 年第 4 期，第 149～160 页。

[137] 肖斌卿、彭毅、方立兵、胡辰：《上市公司调研对投资决策有用吗——基于分析师调研报告的实证研究》，载于《南方管理评论》2017 年第 1 期，第 119～131 页。

[138] 肖海莲、胡挺：《大股东侵占，公司声誉与公司绩效——基于中国上市公司的经验证据》，载于《财贸研究》2007 年第 6 期，第 114～120 页。

[139] 谢盛纹、闫焕民：《随签字注册会计师流动而发生的会计师事务所变更问题研究》，载于《会计研究》2012 年第 4 期，第 87～95 页。

[140] 谢志明、易玄：《产权性质，行政背景独立董事及其履职效应研究》，载于《会计研究》2014 年第 9 期，第 60～67 页。

[141] 徐欣、唐清泉：《财务分析师与企业 R&D 活动——来自中国证券市场的研究》，载于《金融研究》2010 年第 12 期，第 173～189 页。

[142] 徐玉德、韩彬：《市场竞争地位，行业竞争与内控审计师选择》，载于《审计研究》2017 年第 1 期，第 88～97 页。

[143] 许年行、江轩宇、伊志宏、徐信忠：《分析师利益冲突，乐观偏差与股价崩盘风险》，载于《经济研究》2012 年第 7 期，第 127～140 页。

[144] 许汝俊、袁天荣：《审计师感知分析师行为的新解释——一个关于分析师调研行为的探索》，载于《审计研究》2018 年第 2 期，第 88～94 页。

[145] 闫焕民、严泽浩、刘宁：《审计师搭档稳定性与审计质量：基于团队视角的研究》，载于《审计研究》2017 年第 6 期，第 76～83 页。

[146] 杨玉龙、张川、孙淑伟：《政治关联能否屏蔽证券监管对于审计师的治理效力?》，载于《审计研究》2014 年第 4 期，第 97～103 页。

[147] 叶康涛、陆正飞、张志华：《独立董事能抑制大股东的"掏空"?》，载于《经济研究》2007 年第 4 期，第 101～111 页。

[148] 叶康涛、张然、徐浩萍：《声誉制度环境与债务融资——基于中国民营上市公司的证据》，载于《金融研究》2010 年第 8 期，第 171～183 页。

[149] 叶青、赵良玉、刘思辰：《独立董事"政商旋转门"之考察——一项基于自然实验的研究》，载于《经济研究》2016 年第 6 期，第 98～113 页。

[150] 伊志宏、江轩宇：《明星 VS 非明星：分析师评级调整与信息属性》，载于《经济理论与经济管理》2013 年第 10 期，第 93～108 页。

[151] 伊志宏、李颖、江轩宇：《女性分析师关注与股价同步性》，载于《金融研究》2015 年第 11 期，第 175～189 页。

[152] 余明桂、钟慧洁、范蕊：《分析师关注与企业创新——来自中国资本市场的经验证据》，载于《经济管理》2017 年第 3 期，第 175～

192 页。

[153] 袁振超、张路、岳衡：《分析师现金流预测能够提高盈余预测准确性吗——来自我国股市场的经验证据》，载于《金融研究》2014年第 5 期，第 162～177 页。

[154] 岳衡、林小驰：《证券分析师 VS 统计模型：证券分析师盈余预测的相对准确性及其决定因素》，载于《会计研究》2008 年第 8 期，第 40～49 页。

[155] 翟胜宝、张雯、曹源、朴仁玉：《分析师跟踪与审计意见购买》，载于《会计研究》2016 年第 6 期，第 86～95 页。

[156] 张斌、王跃堂：《业务复杂度，独立董事行业专长与股价同步性》，载于《会计研究》2014 年第 7 期，第 36～96 页。

[157] 张斌：《行业专家型独立董事与公司特质信息的解读》，载于《财经科学》2015 年第 1 期，第 64～73 页。

[158] 张迪：《审计师对信息风险区别对待了吗？——基于"调增式变脸"与审计意见关系的证据》，载于《审计研究》2012 年第 3 期，第 106～112 页。

[159] 张芳芳、陈习定：《分析师覆盖与真实活动操控——来自中国上市公司的证据》，载于《经济管理》2015 年第 9 期，第 92～102 页。

[160] 张嘉兴、余冬根、刘艳春：《公司声誉，审计师声誉与权益资本成本》，载于《财经理论与实践》2016 年第 37 期，第 74～79 页。

[161] 张娟、黄志忠、李明辉：《签字注册会计师强制轮换制度提高了审计质量吗？——基于中国上市公司的实证研究》，载于《审计研究》2011 年第 5 期，第 82～89 页。

[162] 张俊瑞、余思佳、程子健：《大股东股权质押会影响审计师决策吗？——基于审计费用与审计意见的证据》，载于《审计研究》2017 年第 3 期，第 65～73 页。

[163] 张俊生、曾亚敏：《独立董事辞职行为的信息含量》，载于《金融研究》2010 年第 8 期，第 155～170 页。

[164] 张敏、冯虹茜、张雯：《机构持股，审计师选择与审计意见》2011 年第 6 期，第 82～88 页。

[165] 张敏、李伟、张胜：《审计师聘任的实际决策者：股东还是高管?》，载于《审计研究》2010 年第 6 期，第 86～92 页。

[166] 张敏、马黎珺、张胜：《供应商—客户关系与审计师选择》，载于《会计研究》2012 年第 12 期，第 81～95 页。

[167] 张鸣、田野、陈全：《制度环境，审计供求与审计治理》，载于《会计研究》2012 年第 5 期，第 77～94 页。

[168] 赵子夜：《"无过"和"有功"：独立董事意见中的文字信号》，载于《管理世界》2014 年第 5 期，第 131～141 页。

[169] 郑登津、闫晓茗：《事前风险，审计师行为与财务舞弊》，载于《审计研究》2017 年第 4 期，第 89～96 页。

[170] 郑建明、黄晓蓓、张新明：《管理层业绩预告违规与分析师监管》，载于《会计研究》2015 年第 3 期，第 51～95 页。

[171] 郑志刚、阚铄、黄继承：《独立董事兼职是能者多劳还是疲于奔命》，载于《世界经济》2017 年第 2 期，第 153～178 页。

[172] 周开国、应千伟、陈晓娴：《媒体关注度，分析师关注度与盈余预测准确度》，载于《金融研究》2014 年第 2 期，第 139～152 页。

[173] 周兰、耀友福：《媒体负面报道，审计师变更与审计质量》，载于《审计研究》2015 年第 3 期，第 73～81 页。

[174] 朱红军、何贤杰、陶林：《中国的证券分析师能够提高资本市场的效率吗?——基于股价同步性和股价信息含量的经验证据》，载于《金融研究》2007 年第 2 期，第 110～121 页。

[175] Adams R, Ferreira D. Do Directors Perform for Pay? [J]. Journal of Accounting and Economics, 2008 (46): 154－171.

[176] Akerlof G. The Market for "Lemons": Qualitative Uncertainty and the Market Mechanism [J]. Quarterly Journal of Economics, 1970, 84 (3): 488－500.

[177] Ang S J, Ma Y. The Behavior of Financial Analysts During the Asian Financial Crisis in Indonesia, Korea, Malaysia, and Thailand [J]. Pacific – Basin Finance Journal, 2001, 9 (3): 233 – 263.

[178] Armstrong C S, Core J E, Guay W R. Do independent directors cause improvements in firm transparency? [J]. Journal of Financial Economics, 2014, 113 (3): 383 – 403.

[179] Bowen R M, Chen X, Cheng Q. , Analyst Coverage and the Cost of Raising Equity Capital: Evidence from Under pricing of Seasoned Equity Offerings [J] Contemporary Accounting Research, 2008, 25 (3): 641 – 656.

[180] Bradshaw M, Sloan R. GAAP Versus the Street: An Empirical Assessment of Two Alternative Definitions of Earnings [J]. Journal of Accounting Research, 2002 (40): 41 – 66.

[181] Brown L, Call A, Clement M, Sharp N. Inside the "Black Box" of Sell – Side Financial Analysts [J]. Journal of Accounting Research, 2015, 53 (1): 1 – 47.

[182] Byrd D T, Mizruchi M S. Bankers on the Board and the Debt Ratio of Firms [J]. Journal of Corporate Finance, 2005 (11): 129 – 173.

[183] Cao Y, Myers L A, Omer T C. Does Company Reputation Matter for Financial Reporting Quality? Evidence from restatements [J]. Contemporary Accounting Research, 2012, 29 (3): 956 – 990.

[184] Chen S, Sun S Y J, Wu D. Client Importance, Institutional Improvements, and Audit Quality in China: An Office and Individual Auditor Level Analysis [J]. The Accounting Review, 2010, 85 (1): 127 – 158.

[185] Chen X, Cheng Q, Lo K. On the Relationship Between Analyst Reports and Corporate Disclosures: Exploring the Roles of Information Discovery and Interpretation [J] . Journal of Accounting and Economics, 2010 (37): 293 – 314.

[186] Cheng Y, Liu M H, Qian J. , Buy – Side Analysts, Sell – Side Analysts, and Investment Decisions of Money Managers [J]. Journal of Financial and Quantitative Analysis, 2006 (41): 51 – 83.

[187] Clement B. Analyst Forecast Accuracy: Do Ability, Resources and Portfolio Complexity Matter? [J]. Journal of Accounting and Economics, 1999, 27 (3): 285 – 303.

[188] De Castro G M, López J E N, Sáez P L. Business and Social Reputation: Exploring the Concept and Main Dimensions of Corporate Reputation [J]. Journal of Business Ethics, 2006, 63 (4): 361 – 370.

[189] Defond M L, Francis. J R. Audit Research after Sarbanes – Oxley [J]. Auditing: A Journal of Practice & Theory, 2005, 24 (Supplement): 5 – 30.

[190] Dorfman J R. All-star Analysts 1997 Survey: Sixteen All-stars Excel for Fifth Time [J]. Wall street Journal, 1997 (6): 19.

[191] Ertimur Y, Mayew W J, Stubben S R. Analyst Reputation and The Issuance of Disaggregated Earnings Forecasts to I/B/E/S [J]. Review of Accounting Studies, 2011 (16): 29 – 58.

[192] Fahlenbrach R, Low S, Stulz R. The Dark Side of Outside Directors: Do They Quit When They are Needed Most? [J]. OHIO State University, Columbus, OH, Working Paper, 2010.

[193] Fama E F, Jensen M C. Separation of Ownership and Control [J]. Journal of Law & Economics, 1983, 26 (2): 301 – 326.

[194] Fama E F. Agency Problems and the Theory of the Firm. Journal of Political Economy, 1980, 88 (2): 288 – 307.

[195] Fich E. Are Some Outside Directors Better Than Others? Evidence from Director Appointments by Fortune 1000 Firms [J]. Journal of Business, 2005 (78): 1943 – 1972.

[196] Francis J R, Simon D T. A Test of Audit Pricing in the Small –

Client Segment of the U. S. Audit Market [J]. The Accounting Review, 1987, (1): 145 – 157.

[197] Geiger M A, Raghunandan K, Rama D V. Auditor Decision – Making in Different Litigation Environments: The Private Securities Litigation Reform Act, Audit Reports and Audit Firm Size [J]. Journal of Accounting & Public Policy, 2006, 25 (3): 332 – 353.

[198] He H, Lin Z. Analyst Following, Information Environment and Value Relevance of Comprehensive Income: Evidence from China [J]. Asia – Pacific Journal of Financial Studies, 2015 (44): 688 – 720.

[199] Hong Y, Huseynov F, Zhang W. Earnings Management and Analyst Following: A Simultaneous Equations Analysis [J]. Financial Management, 2014, 43 (2): 355 – 390.

[200] Jackson A. Trade Generation, Reputation and Sell-side Analysts [J]. Journal of Finance, 2005 (60): 673 – 717.

[201] Kelley T, Margheim T. The Relationship Between Senior Auditor Budget Participation, Job Structuring, Job Consideration and Staff Auditor Time Budget Pressure [J]. The Journal of Applied Business Research, 2002, 18 (2): 105 – 113.

[202] Kerl A, Ohlert M. Star-analysts' Forecast Accuracy and The Role of Corporate Governance [J]. Journal of Financial Research, 2015, 38 (1): 93 – 120.

[203] Kim J B, Zhang L. Accounting Conservatism and Stock Price Crash Risk: Firm – level Evidence [J]. Contemporary Accounting Research, 2015 (1): 1 – 31.

[204] Knyazeva A, Knyazeva D, Masulis R. The Supply of Corporate Directors and Board Independence [J]. Review of Financial Studies, 2013 (6): 1561 – 1605.

[205] Leone A, Wu J. What Does it Take to Become A Super-star? Evi-

dence from Institutional Investor Rankings of Financial Analysts [J]. Working Paper, 2007.

[206] Liu H, Wang H, Wu L. Removing Vacant Chairs: Does Independent Directors' Attendance at Board Meetings Matter? [J]. Journal of Business and Ethics, 2016, 133 (2): 375 – 393.

[207] Liu X, Liu X, Wang B. Effects of Reform of Audit Firm Structure on Auditor Independence and Audit Fees: Evidence from China [R]. Hong Kong, Working Paper, 2011.

[208] Masulis R W, Mobbs S. Independent Director Incentives: Where do Talented Directors Spend Their Limited Time and Energy? [J]. Journal of Financial Economics, 2014 (111): 406 – 429.

[209] Murphy K. Corporate Performance and Managerial Remuneration: An Empirical Analysis [J]. Journal of Accounting and Economics, 1985 (7): 11 – 42.

[210] Park Y W, Shin H H. Board Composition and Earnings Management in Canada [J]. Journal of Corporate Finance, 2014, 10 (3): 431 – 457.

[211] Ramnath S, Rock S, Shane P. The Financial Analyst Forecasting Literature: A Taxonomy with Suggestions for Further Research [J]. International Journal of Forecasting, 2008 (24): 34 – 75.

[212] Reynolds J K, Francis J R. Does Size Matter? The Influence of Large Clients on Office – level Auditor Reporting Decisions [J]. Journal of Accounting and Economics, 2001, 30 (3): 375 – 400.

[213] Rosenstein S, Wyatt J G. Outside Directors, Board Independence and Shareholder Wealth [J]. Journal of Financial Economics, 1990 (26): 175 – 191.

[214] Roulstone D. Analyst Following and Market Liquidity [J]. Contemporary Accounting Research, 2003 (20): 1 – 27.

[215] Shivdasani A, Yermack D. CEO Involvement in the Selection of New Board Members: An Empirical Analysis [J]. Journal of Finance, 1999 (54): 1829 – 1853.

[216] Tadelis S. What's in a name? Reputation as a Tradeable Asset [J]. The American Economic Review, 1998 (89): 548 – 563.

[217] Watts R L, Zimmerman J L. POSITIVE ACCOUNTING THEORY, Prentice – Hall Inc., 1986.

[218] Weisbach M S. Outside Directors and CEO Turnover [J]. Journal of Financial Economics, 1988 (20): 431 – 460.

[219] Xu N, Chan K C, Jiang X, Yi Z. Do Star Analysts Know More Firm-specific Information? Evidence from China [J]. Journal of Banking & Finance, 2013 (37): 89 – 102.